# LIDER DE NEGOCIO EXITOSO

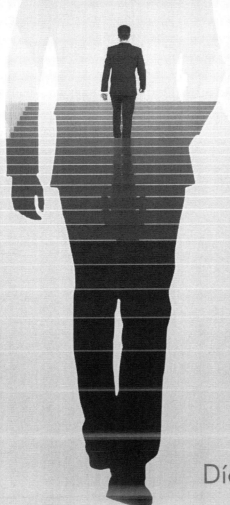

Dío Astacio

**Líder de negocio exitoso**
Dío Astacio, MBA

Email: info@dioastacio.com
dioastacio@yahoo.com

© 2017 por Dío Astacio.
Todos los derechos reservados

Ninguna porción de esta obra puede ser reproducida por cualquier medio, sin la previa autorización del autor, con la excepción de citas breves en revistas o reseñas.

ISBN: 978-1-64142025-9

Publicado por
Editorial RENUEVO LLC
EditorialRenuevo.com
info@editorialrenuevo.com

*Contenido*

# Introducción   7

# Capítulo Uno   11
*¿Qué es un líder?*
   El líder de negocios
   Lograr un objetivo en común
   Un comunicador de visiones
   El líder, guía de resultados
   El líder, guía de información
   Disposición de sacrificio
   El líder y el manejo de conflictos
   Las decisiones salomónicas

# Capítulo Dos   25
*Errores más comunes de un líder de negocio*
   La inercia ante la urgencia
   Seguimiento intermitente de los resultados
   Debilidad en el seguimiento de las tareas
   Informalidad ante la alta gerencia
   La tentación de la armonía absoluta

# Capítulo Tres   33
*Cinco leyes de oro para ser un líder de negocio exitoso*
   La ley de la inspiración
   La ley del éxito proyectado
   La ley del ingreso
   Ventas e ingresos en el mercadeo en redes o multiniveles
   Áreas de seguimiento para garantizar el ingreso
   La ley del cumplimiento
   La ley del equipo integrado

# Capítulo Cuatro   93
*Tareas básicas de un líder de negocio exitoso*
   Reclutamiento, selección y retención
   Formación
   Control
   Motivación
   Las convenciones de negocios
   Seguimiento
   Asumir los resultados
   Planificación

# Capítulo Cinco   165
*Cinco cualidades de un líder de negocio exitoso*
   No.1 Coraje
   No.2 Paciencia
   No.3 Capacidad de trabajo
   No.4 Integridad
   No.5 Sensibilidad humana

# *Conclusión*   193

Líder de negocio exitoso

# Introducción

Ser un líder es algo que no es fácil de lograr. He estudiado los distintos *pensum*; lo que en otras palabras son los planes de estudio de una carrera que muestran las materias o asignaturas que se estudiarán en cada periodo de la misma en las universidades de carreras relacionadas al marketing, a la comunicación y a la administración de negocios. Sin embargo, a pesar de todos los conocimientos que se dan a los estudiantes, es relativamente poco el conocimiento que se brinda sobre la dirección de equipos.

Cualquiera puede ser un líder de ventas, pero no todos logran ser líderes de negocios exitosos. Esto está reservado para algunos, los que creen haber nacido para ello y que en el camino han dado todo de sí para capacitarse, humillarse y decidir vivir de una de las carreras más excitantes del mundo, pero con igual grado de dificultad.

La pasión que encierra esta carrera es muy parecida a la de correr autos de carreras o dirigir cualquier deporte, pues es una carrera que nos pone a prueba todos los días y que nos hace ser competitivos, a veces con nuestros compañeros, a veces con el mercado y otras con nosotros mismos.

Cuando me convertí en gerente, alguien me dijo: «Mira, ahí

tienes tu escritorio, tu computadora y este es el listado de tus vendedores». Los vendedores de seguros de vida no forman parte del personal fijo de las aseguradoras, por lo que casi siempre los que correspondían a mi *staff* no estaban presentes en las reuniones que convocaba, a menos que se les insistiera en su asistencia y, sobre todo, mi liderazgo no era algo tan fácil de establecer debido a que era muy joven. Por consiguiente, me inicié como líder de ventas y de negocios sin ninguna experiencia para dirigir personas y mucho menos, dirigir buenos vendedores. Llegar a la cima me tomó varios años, en los que cometí muchos errores que, a la postre, me sirvieron de ayuda para ir definiendo mi carácter.

*Líder de negocio exitoso* es un libro que sale de lo más profundo de nuestros corazones, y digo «nuestros» porque aunque son mis propias experiencias, también hay una serie de historias que relacionan a otros compañeros de labores y a la persona que ha trabajado en esta recopilación junto conmigo, mi socia y compañera Evelyn, puesto que muchas de estas anécdotas, ella las recuerda con mayor exactitud que lo que yo mismo podría. Cada anécdota, ilustración o frase es un recuerdo vivo de lo que aprendimos en los distintos salones de reuniones, en los pasillos de las empresas, en cada oficina y en el campo de trabajo con nuestros gerentes, directores y vendedores; así como lo vivido con los distintos jefes y propietarios de los lugares donde hemos tenido la bendición de trabajar y de colaborar.

Esta obra es la expresión de alguien que ha vivido en carne propia cada palabra expresada en estas páginas. Desde el centro de la trinchera de los gerentes, directores, vendedores y vicepresidentes de negocios ofrecemos un material que tiene el objetivo preciso de aportar a los líderes y ejecutivos de negocios conocimientos basados en la práctica. Albergamos más de 20 años de manejo de equipos de negocios, experiencias que han sido acumuladas al conducir miles de vendedores, cientos de supervisores, decenas

## Introducción

de gerentes y varios directores de negocios. Son memorias frescas, prácticas y aplicables a todo tipo de equipo de negocios desde una empresa tradicional, hasta los equipos de mercadeo en redes o multiniveles y bienes raíces.

El Líder de negocio exitoso provee herramientas que proporcionan el ahorro de muchas horas de trabajo y que serán de ayuda para lograr los objetivos propuestos con mayor entusiasmo y facilidad. Thomas Alva Edison dijo que «una experiencia nunca será motivo de fracaso, pues siempre demuestra algo». Por eso en cada uno de estos capítulos, presentamos los resultados de situaciones puntuales que te adentrarán en tu propia realidad, haciendo posible un aprendizaje basado en casos con los cuales estoy seguro te vas a identificar. Veremos los errores más comunes que se cometen en el liderazgo de equipos de negocios. Trataremos el tema de la motivación y sus efectos, las convenciones de ventas y de negocios, así como varias técnicas para reclutar y retener a los mejores miembros para tu equipo.

Nuestro esfuerzo está centrado en proporcionar soluciones, hacerte pensar en la creación de oportunidades y lograr que, como líder puedas entender que guiando a tu equipo a ganar, tú mismo eres el que gana. No es la empresa, no es la organización; el mayor triunfador serás tú. En el capítulo cinco, abordaremos el tema de las cinco leyes de oro para ser un líder de negocio exitoso y una de ellas es la ley del equipo integrado. Creo bastante en ello.

Es nuestro más profundo anhelo que más personas descubran su talento para dirigir equipos de negocios y que lo hagan con éxito. La carrera de ventas y de negocios puede permitir que una persona con educación básica gane tanto dinero como un neurocirujano o un artista famoso. Esto es importante porque el área de negocios, cualquiera que sea el sector, ofrece una esperanza para aquéllos a quienes la ciencia no les llama la atención o simplemente no pueden disfrutar de ciertas oportunidades de vida que tienen otros, debido a haberse desarrollado en medios de escasos recursos económicos, o no han podido demostrar un grado de desenvolvimiento escolar aceptable en los distintos niveles académicos.

Esta carrera permite desarrollar una inteligencia distinta llamada «inteligencia emocional» y le brinda al hombre común la posibilidad de ser lo que desea en medio de un mundo donde hasta hoy solo se reconocían a las personas por su capacidad técnica, delegando a un segundo plano la inteligencia emocional.

Disfruta la lectura y compártela con otros. De esta forma, permanecerá donde quiera que estés, pues solo cuando compartimos lo que aprendemos, podemos retenerlo.

Dios te bendiga.

Dío Astacio

*«Intenta no volverte un hombre de éxito, sino un hombre de valor».*

*Albert Einstein*

# Capítulo Uno

## ¿Qué es un líder?

### El líder de negocios

Un líder es una persona que ejerce influencia. La capacidad para dirigir a otros es una de las carreras mejor pagadas en el universo. Una empresa no es como un equipo de béisbol o fútbol donde el jugador estrella tiene un poder muy fuerte sobre el equipo y, de hecho, hay jugadores que pueden ganar mucho más que todos los managers juntos. En los negocios, sucede de otra manera: El equipo es la estrella. El dinero lo gana quien sabe dirigir al equipo. Nunca un jugador de empresa, por más que se esfuerce, podrá ser más productivo que todo el equipo. Por ello, un buen vendedor puede llegar lejos, pero nunca podrá superar la colectividad.

Con base en lo anteriormente mencionado, las empresas enfocan sus cañones en los buenos gerentes, más que en los buenos vendedores. En ese sentido, el rol del gerente es conseguir buenos vendedores o socios de negocios que le ayuden a lograr números favorables para las metas y objetivos de la organización. La diferencia entre un técnico y un líder de área es su capacidad de dirigir e influir sobre las personas. He conocido muy buenos técnicos, pero tanto en la política como en los negocios, los técnicos no pueden llegar muy lejos si no aprenden a dirigir personas.

Un líder deberá cumplir con reglas básicas universales de dirección de personal en cualquiera que sea el campo en que se desarrolle. A diferencia de otras áreas de los negocios, los equipos de ventas de empresas tradicionales y los que se dedican al mercadeo en redes poseen condiciones especiales que deben manejarse con mucha precisión, y una de ellas es el hecho de que los miembros de esos equipos no son técnicos; son profesionales de la comunicación y del negocio y para hacer su trabajo, necesitan un tipo de insumo distinto a las otras áreas, necesitan mucha comunicación. Son como los tiburones blancos que por tener la sangre distinta a todos los demás peces—sangre caliente—necesitan más energía que cualquier otro pez en el mar.

## Lograr un objetivo en común

Lograr que todo el equipo abrace los objetivos de manera unánime no es tarea fácil. Esa es una de las razones por las que se paga muy bien a quienes logran hacerlo. Ahora cabe preguntarse: si esto paga tan bien ¿por qué es que no hay tantas personas exitosas haciéndolo? Mahatma Gandhi afirmó: «Si quieres cambiar al mundo, cámbiate a ti mismo». La verdad es que no es tan sencillo lograr que los demás hagan su trabajo, cuando nosotros mismos carecemos de los elementos de carácter necesarios para lograr inspirarlos. De ahí que un líder es una persona que inspira. Dirigir y liderar son sinónimos gramaticales, sin embargo, en la práctica, liderar es un término mucho más amplio que dirigir. Tú diriges de varias formas: autocrática, democrática o anárquicamente. En cualquiera de los tres aspectos, estás dirigiendo. El liderazgo hace una mezcla de los tres y obtiene lo mejor de cada aspecto.

## ¿Qué es un líder?

Albert Einstein afirmaba que el genio es 99% trabajo y el 1 por ciento genio, y es precisamente como se hace un líder, con mucho trabajo, con muchas horas de entrega a favor del grupo que dirige y conocimiento de la industria en la que labora. Aunque los vendedores o empresarios independientes de redes no son técnicos, es de vital importancia que el líder promueva una gestión de conocimiento sobre la industria a la que pertenecen. Hay que enseñarles a desarrollar la habilidad de adquirir información para convertirla en conocimiento y que ese conocimiento le sea de gran utilidad. Sin embargo, el líder es el primero que debe hacerlo. Primero se es técnico y luego se es líder.

Tú puedes ser líder sin ser técnico, pero puedes presentar lagunas importantes, lo que te puede atraer falta de respeto de parte del equipo. Lo que esto significa es que el líder debe conocer a profundidad lo que hace su gente para que pueda corregirlos, ayudarlos y guiarlos. Las personas tienden a subestimar a quienes no saben lo que se está haciendo en el equipo. Lo verán como un paracaidista oportunista; por lo tanto, si quieres ganar un amplio respeto, domina a profundidad lo que haces, adquiere conocimiento y utilízalo para que junto a tu equipo se dirijan en dirección al objetivo.

En mi libro *Éxito integral, diez leyes escondidas*, hay un capítulo completo dedicado a la profundidad. La ley de la profundidad nos guía a convertirnos en expertos en lo que hacemos. Sydney Harris insistía en que: «Un ganador sabe cuánto más tiene que aprender, aún si es considerado un experto por los demás; el perdedor quiere ser considerado experto por otros, antes de aprender lo necesario para saber cuán poco sabe». Te invito a buscar este libro y leer sobre la Ley de la profundidad. Es importante profundizar y adquirir conocimiento. Aunque los vendedores no son técnicos, es necesario guiarlos a través del conocimiento para lograr el objetivo propuesto y obtener resultados.

## Un comunicador de visiones

Más que cualquier cosa, el líder es un comunicador de visiones. La visión define el nivel de seguridad con el que trabaja el equipo. Un equipo que no tiene una visión definida es un equipo que estará confundido en su ejecución, por lo que el líder debe tener suma claridad de lo quiere. Tal como expresó Pearson Hunt en su artículo publicado en *Harvard Business Review*: «En la realidad, las empresas están formadas por muchos cerebros que toman gran cantidad de decisiones a muy diferentes niveles».[1] Por ello, todo líder debe entender que es urgente mantener al equipo informado del rumbo por el que dirige a la empresa y al equipo mismo, lo que no resulta fácil; pues por otro lado, está el hecho de que la empresa puede cambiar el rumbo en tan solo horas, bajo una decisión instantánea.

∼

*«Visión es ver con el ojo de la mente lo que es posible en las personas, en los proyectos, en las causas y en las empresas. La visión se produce cuando nuestra mente relaciona posibilidad y necesidad».*

Stephen Covey

∼

Para el equipo, es motivo de mucha angustia el sentir que el líder no tiene certeza de lo que quiere y cómo quiere lograrlo. Cuando estamos dirigiendo un equipo, el tiempo de mayor calidad para lograr los resultados es el que se invierte en comunicar la visión.

[1] Harvard Business Review, Fallacy of the One Big Brain. 1973.

## ¿Qué es un líder?

Normalmente, no acostumbro pedir a mi esposa alguna comida específica, excepto los tacos de vegetales y atún que me encantan para cenar. Sin embargo, en ocasiones, ella me pregunta: «¿Qué te gustaría almorzar?». En uno de esos días, le contesté: «Quiero un moro con plátanos fritos, pescado con coco y ensalada». Luego le di las gracias por preguntar. Llegó la hora de la comida, así que me fui a casa muy emocionado para comer exactamente lo que había pedido. Puesto que había sido muy específico, no había oportunidad alguna de encontrar sorpresas. Después de saludar con un beso a mi esposa y a mis hijas, nos sentamos a la mesa. ¡Llegó el momento esperado! Mi esposa colocó el moro en la mesa, pero ¡vaya!, el moro no era el que yo deseaba comer. En mi mente tenía fijado un moro de gandules (en mi país le llamamos moro al arroz ligado con cualquier grano, ya sea gandul, habichuelas, etc.), pero lo que mi esposa colocó sobre la mesa fue un moro de habichuelas negras (frijoles negros).

¡Qué decepción! El pescado lo hizo con coco, pero estaba fileteado en ruedas y yo imaginaba un chillo completo, otra decepción y peor aún, había pedido una ensalada y tenía en mente una ensalada verde de lechugas y tomates y ¡sorpresa! la ensalada que mi esposa preparó fue de papas con zanahorias (nosotros le llamamos ensalada rusa). ¿Te das cuenta lo que es no comunicar de manera específica? Ahí está el punto: la visión es lo que te imaginas que va a ocurrir, pero comunicarla resulta altamente complicado. Al final, mi esposa terminó frustrada, yo también lo estaba y la familia vivió un momento de confusión innecesario porque es imposible ocultar cuando estamos desilusionados con algo. ¿Quién fue el culpable de aquella situación? Pues eso no hay que preguntarlo, puesto que el culpable fui yo, nadie más, porque no fui lo suficientemente específico con ella.

Resulta que hay cientos de opciones para que se realice lo que pedimos. Por tanto, la idea del líder debe transmitirse con toda la claridad, a fin de poder transmitirla al equipo de forma eficiente.

De lo contrario, el resultado será una confusión generalizada y nadie sabrá lo que debe hacerse de forma específica.

## El líder, guía de resultados

Si somos líderes, nuestra misión es producir un resultado. No nos contratan para otra cosa que no sea para producir un resultado. Técnicamente, este resultado va supeditado a la visión que tenga la organización para ti. Nuestro deber como líderes de negocios es conducir al equipo al cumplimiento de los objetivos de la empresa o la organización a la que pertenecemos. Si perdemos de vista esta realidad, nos perdemos. Si el líder de negocios se enfoca y se envuelve en reuniones, servicios, conversaciones y los cientos de actividades en las que tiene que involucrarse; al finalizar el trimestre, la meta del equipo no se habrá logrado. Fuera de toda actividad que concierne al líder, nunca debe perder de vista que ha sido contratado para llevar al equipo a un resultado. Tú puedes tener la mejor imagen, las mejores relaciones con tus compañeros, el mejor nivel de organización como gerente o director, pero si no traes los resultados a la organización, podrías quedarte sin equipo o sin ingresos. Hacer todo lo otro es importante como un plus para lo que se espera: el resultado. Sin resultados, ningún líder de negocios sobrevive en una corporación sana. En tal sentido, su rol principal es llevar al equipo, bajo cualquier circunstancia moralmente correcta, hacia el cumplimiento de esos resultados.

En mi experiencia, he visto todo tipo de gerentes: los organizados, los desorganizados, los que se llevan bien con todo el mundo y los que se llevan mal con todos, los que no tienen mucha formación profesional y los que sí la tienen. En más de 20 años de experiencia, he conocido y han estado bajo mi cargo una gran variedad de personas de múltiples nacionalidades y la verdad es que los únicos que sobreviven dos trimestres seguidos en un equipo de negocios son aquéllos que producen resultados. Estar bien vinculado a la compañía puede sostenerte por un tiempo, sin embargo, el día que falten los resultados solo te dirán la famosa frase: ¡Hasta la vista, baby!

Si deseamos obtener buenos resultados, la clave está en saber que somos los principales responsables de que esto ocurra, pues el líder de negocios es el intermediario entre el dueño de la empresa y el equipo. Nunca debemos perder de vista que nuestra labor es de alto impacto en una organización, porque sin los ingresos que genera el departamento de ventas y de negocios no hay empresa. Sea servicios o sea producto, ninguna organización o corporación se sostiene sin ventas y sin negociación.

## El líder, guía de información

Al recorrer una carretera de cualquier país, observaremos que hay altas torres de tendido eléctrico que son las que conducen la energía. Se dice que hay cables de esos que transportan 36 mil voltios. Imagínate que la electricidad que servimos en nuestros hogares es de apenas 220 voltios como máximo y 120 en la mayoría de los casos. ¿Cómo hacen los técnicos para que un cable de 36 mil voltios se degrade a 120 voltios? La técnica es de los transformadores, los cuales van degradando la electricidad de un nivel a otro hasta que a nuestras casas llega en la medida adecuada para el consumo.

En una empresa debe suceder algo similar, ya que se maneja información y decisiones de muy alto nivel. Si midiéramos esto en voltios, estaríamos hablando acerca de detalles que, si el equipo los manejara, se produciría un caos, posiblemente renuncias, descontentos y distorsiones, por lo que un líder debe cuidar la información que lleva a su grupo, pues podría destruir el equipo al suministrar información inadecuada.

El líder recibe también mucho feedback de su grupo, por lo que igualmente debe tener sumo cuidado al transmitir a la alta gerencia lo que escucha de sus socios o vendedores, ya que también esto puede afectarle y puede traer consecuencias negativas para el equipo.

Un ejemplo de esto lo vemos cuando en una compañía hay que reducir el personal, una información con la que el gerente de negocios tiene que lidiar a menudo. Si comete el error de decir al equipo que habrá reducción de personal, toda su fuerza de ventas se sentirá insegura.

En un equipo de ventas independiente, filtrar información incorrecta puede ser catastrófico. Cruzar cierta información puede ser letal, por lo que el líder debe ejercer responsabilidad sobre el manejo de la información que recibe. Lo mismo sucede cuando se ofrece información confidencial a terceros. Por esto, es importante definir correctamente hasta dónde una información es o no relevante. En conclusión, el líder de negocios es quien hace el rol transformador, con los datos que obtiene.

### Disposición de sacrificio

Un buen líder está dispuesto a sacrificarse por la empresa y por el equipo. Napoleón Bonaparte dijo: «Un líder es un negociador de esperanzas». Esto tiene mucho de cierto cuando de sacrificio se trata. Cuando dirigimos los equipos de negocios, nuestro día a día nos lleva a negociar con ambos bandos, nuestro equipo y la alta dirección de la empresa; el líder se encuentra en medio intentando mantener satisfechos a uno y a otro. Esto simplemente significa sacrificio.

Como líderes de negocios, estaremos sometidos a niveles elevados de privación que tienen que ver con el tiempo, los recursos, la familia, en fin, un sinnúmero de elementos importantes. Fíjate bien que hablo de privación, no de ausencia total, lo cual es necesario tomar en cuenta. Ser líder de negocios implica estar dispuesto a sacrificarse por su equipo y por su empresa y brindar a ambos la esperanza de un mejor futuro.

## El líder y el manejo de conflictos

Me identifico mucho con la frase de uno de los escritores más admirables, Peter Drucker, cuando mencionó: «Gestión es hacer las cosas bien, liderazgo es hacer las cosas». Los líderes de ventas y de negocios somos más líderes que cualquier otra cosa. Siempre tenemos el enfoque de lograr que las cosas ocurran, a diferencia de los departamentos financieros y administrativos para quienes primero está el proceso y luego el resultado. Esto trae consigo dos enfoques completamente distintos de la vida en una empresa. Mientras el contador quiere números exactos, el líder de negocios quiere muchos números y eso para todo el que trabaja en negocios sabe lo que significa. Por esa razón, el nivel de conflictos entre la dirección de negocios y las demás áreas de la empresa es muy significativo. Es entonces cuando el líder debe convertirse en un mediador de conflictos.

El líder de negocios no puede permitir que su equipo sea dirigido con un enfoque contable, porque en ese caso, tendría vendedores muy ordenados, con un margen de error muy bajo, pero las ventas podrían quedarse en el piso.

~

*«Los problemas y los conflictos no desaparecerán, seguirán siendo una parte inherente de los intentos de cambiar (o mantener) cualquier cosa en este mundo».*

David Allen, 2001, *Organízate con eficacia*

~

El vendedor no piensa como el contador; suele ser mucho más

abierto y espontáneo. Eso se puede ver con mucha frecuencia en el llenado de una solicitud, la entrega de un informe, el cobro de una cuenta, etc. Hay una tendencia natural del equipo de ventas a violentar un proceso. Esto se manifiesta en la entrega fuera de horario, el llenado de solicitudes con espacios en blanco, la falta de información de soporte de muchos expedientes, la falta de enfoque en los cobros etc. Es precisamente este comportamiento lo que lo hace preferir estar en la calle y no en un escritorio. Todo aquel que prefiere hacer negocios, además de hacerlo por el dinero, lo hace por la libertad, pues es alérgico a permanecer en un mismo lugar por tantas horas. Esta actitud, vista desde la óptica de un departamento financiero o de un departamento técnico, es un desastre y para nada es aceptado.

Recuerdo a un profesor que tuve en la Universidad que impartía la asignatura de Desarrollo Organizacional, Francois Benabú, que nos decía: «Si en una empresa se cumplen todos los procesos al mismo tiempo y al pie de la letra, se detiene», y luego entendí que lo decía por el grado enorme de burocracia que suele acompañar todo el entramado empresarial, a lo cual se le llama proceso. Sin embargo, resulta que precisamente este proceso es el que nos permite mantener el orden en la empresa y producir resultados constantes y eficientes.

Nuestro rol como líderes de negocios es mediar en lo que se llama conflicto productivo y no permitir que el área que dirigimos convierta a la empresa en un zoológico, pero tampoco que sea un tablero de ajedrez por la presión de los departamentos administrativos y financieros como contabilidad o el departamento técnico. Por eso, en medio está el líder que debe ser lo suficientemente consciente para mediar entre ambos equipos y reconocer que todos son importantes.

No intentes evitar que haya conflictos, pues eso no sucederá. Lo que debes hacer es mediar. Evitar los conflictos sería evitar que

¿Qué es un líder?

cada uno sea como es y esto no es correcto. Simplemente, saca lo mejor de cada proceso y sigue adelante, pues los conflictos no son malos mientras sean funcionales.

De cada conflicto hay algo que se puede aprender. Goethe dijo: «En cuanto suprimes la tiranía, estalla el conflicto entre la aristocracia y democracia». Visto desde otro punto de vista, muchas veces la falta de algún conflicto es una opresión y de esta forma, se limita la calidad de las decisiones y se mata la creatividad. No estimules los conflictos, pero tampoco los sofoques, simplemente úsalos para descubrir la verdad para avanzar.

## Las decisiones salomónicas

Para muchas personas, las decisiones salomónicas implican buscar soluciones a los problemas dejando a todos los involucrados conformes. Quiero comunicar que esto es un terrible error de interpretación y de aplicación que comúnmente cometemos.

Veamos, en detalle, el origen de las decisiones salomónicas y lo que realmente sucedió. La Biblia relata la historia de un juez y rey cuyo nombre era Salomón, muy afamado por su sabiduría. Dos mujeres llegaron ante su presencia y ambas declararon ser la madre de un niño. Los guardias no encontraban solución al problema, ni las autoridades inmediatas ni el pueblo, pues el asunto era que las dos habían parido un niño el mismo día, pero uno de los infantes había muerto. Ambas reclamaban que el niño vivo era el suyo y se armó un tremendo lío. Realmente, el rey tenía un problema muy delicado en sus manos, porque cómo saber cuál de las mujeres tenía la razón.

¿Qué hacía falta para darse cuenta quién era la verdadera madre del niño? La verdad. Todo lo que hacía falta era saber la verdad y ese es el gran reto de un líder ante un conflicto: descubrir quién tiene la razón y quién está equivocado. El rol del líder al resolver conflictos es algo muy delicado para lo cual no siempre ha sido preparado, (yo diría que casi nunca). Veamos lo que hizo el rey Salomón para generar su decisión y de ahí vamos a extraer algunas conclusiones para resolver conflictos, basándonos en la «decisión salomónica». (1 Reyes 3.16-28)

1. Salomón escuchó a las personas sin apresuramiento ni favoritismo.

Todo el mundo dijo lo que tenía que decir y Salomón se mantuvo escuchando atentamente. A veces, los líderes creemos que callar a las partes es mucho más sabio, pero no siempre es así. Dar la oportunidad a cada parte de que se exprese y diga lo que piensa puede ser más enriquecedor y beneficioso. Particularmente, me gusta escuchar todo sobre un conflicto porque eso me da la capacidad de distinguir y sacar conclusiones menos parciales y más justas. Eso no quiere decir que lo que se diga no tenga filtros, pues siempre se debe apelar a la cordura, pero siempre se debe escuchar con atención los hechos que presentan ambas partes, sin contar que es un derecho de cada uno.

2. Preguntó sobre el conflicto.

Salomón no se hizo parte emocional del conflicto, ni se sensibilizó con ninguna de las mujeres, por eso dijo: «Traigan al niño y pártanlo por la mitad». Eso tiene un enorme significado porque una de las cosas que nos impide la solución de un conflicto es la parcialidad. La parcialidad se produce cuando nuestras emociones están ligadas a una de las partes, por lo que es vital que cuando se nos presente un conflicto de frente, actuemos sin mezclar nuestras emociones, es decir, de manera imparcial.

3. Su objetivo fue la verdad, no el beneficio, la imagen o el placer de alguna de las partes.

## ¿Qué es un líder?

Salomón mandó a traer al niño ante su presencia y dijo a los guardias que simplemente lo partieran por la mitad. Si las mujeres no estaban de acuerdo y una de ellas no decía la verdad, entonces era mejor dividirlo justamente, dando a cada una la mitad. Es algo que a simple vista podría verse muy cruel, sin embargo, lo que significa es que el resultado del conflicto no es lo importante, sino la verdad.

En ocasiones, la solución de un conflicto conduce a caminos no deseados y a resultados que no son tan buenos, pero recuerda que como líder el resultado no debe importar, la verdad debe fluir y en la solución genuina de conflictos; esto será un callejón ético muy importante para tu récord. Si te dejas atrapar por la tentación de ocultar la verdad por temor al resultado la solución al conflicto, podría ser buena para tus intereses, pero no será justa y eso dejará una puerta abierta para socavar tu liderazgo en la organización y en el equipo.

Cuando no dejamos que la verdad fluya, violentamos el derecho de alguien. He tenido que ver el momento en donde un líder, por evitar un conflicto, violenta el derecho de una de las partes. Lo he visto en todos los niveles y áreas del liderazgo, inclusive en el religioso. Tarde o temprano, surge la verdad y comienzan los sinsabores; todo por buscar soluciones cosméticas a un problema haciendo lo incorrecto. Esto no fue lo que hizo Salomón; él buscó la verdad, aunque implicara la muerte del niño y en esa espada que pidió el rey, estaba la solución salomónica. De ahí surgió la verdad de todo *(1 Reyes 3.24–28)*, no se trató de conversaciones livianas ni de mucho hablar con las madres como la mayoría de la gente cree.

En ciertos casos, hablar da buen resultado, pero depende si las personas tienen la capacidad de comunicarse y entenderse correctamente; no obstante, en conflictos que generalmente salen de control como el caso de la historia, la muerte del niño representa descubrir lo que en realidad está sucediendo, representa radicalidad. En términos de negocios, esto puede incluso provocar que haya que prescindir de alguien en el equipo, pero mi recomendación es que busques la verdad y verás que a la larga todos estarán mejor. Si el líder flaquea en esta parte y esconde la verdad del conflicto por temor al qué dirán o a lo que pasará, su liderazgo se verá muy comprometido y al corto o largo plazo, te convertirás en un líder sin autoridad y que puede perder la confianza de los mismos que le piden que oculte el asunto. De modo que, si un líder desea solucionar o mediar en un conflicto y conservar el respeto de la compañía y de sus compañeros, deberá buscar la verdad.

Ronald Reagan dijo: «La paz no es ausencia de conflictos, es la capacidad de manejar los conflictos por medios pacíficos».

«Equivocarse es humano, perseverar voluntariamente en el error es diabólico».

*San Agustín*

«Cuando el error se hace colectivo, adquiere la fuerza de una verdad».

*Gustave Le Bon*

# Capítulo Dos

## Errores más comunes de un líder de negocios

Todos los seres humanos cometemos errores todos los días. Ocupar una posición de liderazgo no nos hace infalibles; todo lo contrario, la presión que existe puede llevarnos a no darnos cuenta de los asuntos que no se están llevando a cabo de manera adecuada. Por mas simple que sean los errores, siempre estaremos expuestos a que nos juzguen y estos juicios pueden afectar al grupo. Me permito presentar aquí algunos errores comunes a los líderes de ventas.

### La inercia ante la urgencia

Muchas cosas se declaran como urgentes en una gestión empresarial, sin embargo, es muy peligroso no tener el olfato para saber qué es urgente y qué no lo es, porque lo cierto es que si el líder vive resolviendo las urgencias podría no trabajar nunca. En ese sentido, con el tiempo vamos entendiendo cuáles de las cosas que se nos pide merecen detener todo lo demás para hacerlas; entendemos cuáles pueden posponerse y esperar a un segundo llamado.

Ahora bien, si hay algo que es realmente urgente y el líder de negocios no le pone la debida atención, podría hacer que sus superiores queden mal parados, lo cual lo coloca en fuertes aprietos y en una zona de poca solidez. El líder de negocios exitoso da la debida importancia a las cosas que solicitan sus superiores y les hace sentir que no van a quedar mal por su omisión.

Regularmente, cuando algo es urgente, hay una expresión de prontitud o de preocupación en los superiores al solicitarlo. Por ejemplo, en un negocio tradicional, un superior hace una solicitud al gerente que espera se le cumpla en un tiempo y en un orden y casi siempre, comunica el tiempo en el que espera que el asunto sea resuelto. Si por alguna razón no lo hace, es el deber del gerente o líder de negocios hacer las investigaciones correspondientes para saber cuándo se espera el resultado de lo solicitado y por qué es tan importante. En los grupos u organizaciones independientes, ocurre que los superiores trazan una línea, hacen una solicitud al líder de grupo, pero éste no da la debida importancia a lo que se le ha planteado y provoca que no se cumpla en el tiempo esperado.

Si el máximo líder de la organización hace una petición que sabe que va a beneficiar al equipo y el líder de grupo la ignora pensando que sus ideas son mejores que la de su superior, entonces se produce un caos. El líder de grupo o el gerente de negocios debe saber que los líderes superiores han alcanzado esta posición por algo y llevan ya una ventaja de experiencia sobre ellos. No digo que no se equivoquen, pero casi siempre saben con exactitud hacia dónde se dirigen o qué resultados esperan obtener.

*«La única consistencia de la mediocridad es su inconsistencia».*

## Seguimiento intermitente de los resultados

Si das un buen seguimiento un día y al otro día lo olvidas, entonces el resultado siempre será inconsistente porque el personal sigue tus pasos de cerca y se da cuenta de que no puedes supervisar de forma eficiente, por lo que aprovecha cualquier descuido y te hace quedar mal. El líder de ventas exitoso es consistente en el seguimiento, ya que el no hacerlo implica un gran problema en los resultados finales. La única consistencia de la mediocridad es su inconsistencia.

En negocios y en ventas, el seguimiento es clave para el éxito. Perder el seguimiento puede conducir a que no se obtengan los números esperados. Sabemos que no es fácil dar un seguimiento continuo a la producción de cada vendedor o agente de negocios, sobre todo si se trata de equipos muy grandes. Ya hemos hablado sobre las tantas ocupaciones y tareas del líder de negocios y de los miembros del equipo, pero dar un seguimiento a la producción es determinante.

En una ocasión, un vendedor de mi equipo de agentes de seguros trabajaba con un cliente muy importante. El asegurado había contratado una póliza de salud para él y toda su familia. Este agente olvidó dar seguimiento a una de las fechas de renovación que estaba dividida en pagos trimestrales. Si se dejaba pasar un trimestre, la póliza automáticamente entraba en suspensión y pasado cierto tiempo quedaba cancelada. Ver la relación de renovaciones y cobros permite al gerente darse cuenta de la producción del mes, por lo que si no da seguimiento al vendedor se podría perder un cliente valioso por la intermitencia en el seguimiento y tan solo ese valor por pequeño que sea afectaría los números a fin de mes, así que mi deber era notificar a ese agente sobre esa renovación y así lo hice.

Como líder, no puedes darte el lujo de estar ajeno a la producción de cada miembro de tu equipo. En un negocio de mercadeo en redes es igual, cuando un socio produce buenos resultados un mes y el siguiente se cae, algo anda mal en el seguimiento. Reúnete con tu socio y verifica que está dando el seguimiento correcto a sus afiliados y clientes.

Por ejemplo, si un cliente le compra una caja de productos para el aseo, es pertinente que el agente lleve notas de la entrega y calcule para qué fecha se agotará esa caja de productos para antes de esa fecha, suministrar al cliente con esos productos. El líder de negocios debe estar al tanto de esos detalles porque se suman a los objetivos. Si el grupo es demasiado grande, asigna a los líderes subsecuentes para que te ayuden con el seguimiento. Reunirse con ellos, anotar y recibir retroalimentación sobre la producción es de suma importancia.

El líder de negocios exitoso, sin duda, está siempre pendiente a los resultados, no puede estar pendiente un mes y el siguiente hacerse de la vista gorda confiado en que el mes anterior rompió un récord de producción. Repite siempre las mismas rutinas respecto al seguimiento en la producción de tus vendedores o miembros de tu equipo. Eso les hará saber que tú los tienes presentes y estás al pendiente de ellos.

## Debilidad en el seguimiento de las tareas

Cada día, un gerente tiene cientos de actividades que se van sumando de un día para otro. En un estudio realizado a más de mil ejecutivos, se descubrió que un ejecutivo de negocios invierte solo cinco minutos promedio en una tarea sin ser interrumpido. A través de los años, he podido constatar que muchos líderes carecen de un sistema de seguimiento acerca de las tareas pendientes. Los ejecutivos de negocios deben tener un sistema correcto de seguimiento a las actividades que realizan todos los días y crear un mecanismo que permita clasificarlas. Yo tengo un mecanismo para hacerlo, dividiendo las actividades al menos en cuatro tipos. Al hacer esto, puedo sin mucha dificultad identificar en cuáles áreas tengo más actividades pendientes y dónde debo colocar cada una de ellas cuando me llegan a la mente.

Es muy natural que diariamente nos surjan nuevas ideas y pensamientos y lo cierto es que cuando se quedan vagando en la mente, muchas cosas se pierden por la falta de tener un lugar adecuado donde anotar.

A continuación, presento un cuadro que está dividido en cinco partes. Cabe perfectamente en la hoja de una agenda común en la que se pueden hacer cuatro cuadrantes. A cada cuadrante, se le pondrá el nombre de una tarea, por ejemplo: ventas, prospección, asuntos administrativos, asuntos personales. Veamos el siguiente cuadro.

| AGENDA DEL DÍA | VENTAS | PROSPECCIÓN |
|---|---|---|
| 8:00　9:00　10:00　11:00　12:00 | | |
| 1:00　2:00　3:00　4:00　5:00 | ASUNTOS ADMINISTRATIVOS | ASUNTOS PERSONALES |

El cuadro anterior nos muestra cómo podemos hacer que

nuestro día rinda más. Yo lo he denominado SCT (Sistema de control de tareas). Esto nos permite dividir una agenda sencilla en tareas múltiples. La verdad es que las personas tenemos, en promedio, tres veces más tareas que citas, por lo que quien mantiene un control sobre sus tareas, desde luego será más eficiente que los demás. El punto es saber cómo controlar que no se olviden las cosas.

El cerebro funciona mejor cuando tiene un orden, es por ello que las computadoras tienen archivos, pues les hace más fácil y específica la búsqueda de información. Cuando mantenemos una organización, es menos costoso buscar algo, ya que sabemos en donde se encuentra el objeto. Tener un SCT como el indicado anteriormente, permite que en cada área de trabajo se escriban los asuntos pendientes y de esta forma, medir nuestra eficiencia y efectividad en cada una de ellas.

Tú puedes hacer tu propio SCT de acuerdo a tus necesidades. Cuando notes que estás poniendo muchas tareas en un solo cuadro, podría decirse que has sido muy eficiente en los demás o que por el contrario, no le estás dando la importancia que requiere.

## Informalidad ante la alta gerencia

El tipo de trabajo que hacemos no siempre nos permite actuar con la debida formalidad. Sin embargo, para los ejecutivos de las áreas de finanzas, administración, operaciones y de negocios, todas son exactamente iguales. Las demás áreas de la empresa no tienen la suerte de trabajar con personas con el nivel de actividad y de informalidad con la que trabaja el área de ventas. Me explico: un director financiero trabaja con contadores, auditores, etc. que generalmente son más metódicos; por tanto, el manejo de este personal tiene características similares; el personal de ventas normalmente es radicalmente opuesto en su manera de devolver cualquier resultado, información o tarea.

Los ejecutivos de ventas o agentes de negocios, de una manera u otra, son menos formales que el resto de la organización. No me refiero a la formalidad que se proyecta al vestir—los ejecutivos de ventas, en su mayoría, tienen muy buena presentación. Me refiero a la formalidad como un valor ético.

Esto quiere decir que si se convoca a una reunión, puedo asegurar que la puntualidad de los miembros de un equipo de negocios no será la del promedio de la empresa. Igual sucede cuando tienen que entregar un reporte. Este tipo de comportamiento no es algo que le agrade a la alta gerencia, pues no tienen por qué entender quién tiene tiempo o quién no; simplemente piden y ven resultados.

Es un error creer que por tratarse de vendedores, los superiores tendrán más paciencia que la que tiene el líder del equipo de ventas o de negocios.

Es importante que se mantenga la formalidad; que se tomen en cuenta los parámetros y el comportamiento de rigor de los demás ejecutivos para generar respeto hacia el equipo y defender así el territorio que le pertenece. El hecho de no ser formal con la alta gerencia no nos deja muy bien parados frente a los demás departamentos y áreas. Eso nos deja sin la posibilidad de ganar altas posiciones y niveles superiores.

Para la organizaciones independientes y libre empresa esto es sumamente importante porque se trata de una industria que vende, de hecho, formalidad. La formalidad sugiere puntualidad, pulcritud, información, formación, detalles y comportamiento de altura que se vea que no se trata de un simple vendedor de una empresa u organización, sino que se proyecte como un ejecutivo preparado para dirigirla si fuese necesario. El objetivo de la formalidad es desarrollar estabilidad.

**La tentación de la armonía absoluta**

Manejar algunos conflictos es parte del trabajo de un líder de negocios. Los líderes no pueden evitar que algunas situaciones conflictivas surjan en medio del equipo y, de vez en cuando, estos conflictos traen luz sobre algunas cosas que muchas veces se mantienen ocultas. Ya hablamos algo acerca de las decisiones salomónicas en la resolución de conflictos.

Mi recomendación es que no intentes mantener una armonía absoluta, se solo un mediador, pero permite que las personas se expresen, ya que en los grupos hay individuos con distintos pensamientos y opiniones. No podemos ver todos los conflictos como obstáculos, sino que es saludable observar las oportunidades que nacen de algunos de ellos y los errores que se pueden descubrir y superar.

«*Un verdadero líder debe tener la capacidad, no solo de motivar a los miembros de su equipo, sino de inspirarlos a ser cada día mejores*».

*Dío Astacio*

# Capítulo Tres

## Cinco leyes de oro para ser un líder de negocio exitoso

Eran aproximadamente las 7:30 de la mañana. Bajé del vehículo en el que transitaba en la intersección de la Av. 27 de Febrero con Dr. Defilló, una zona de la capital que para ese entonces no tenía tanta afluencia de personas como ahora. Mi corazón latía con enorme desespero, pues me dirigía a mi primera entrevista de trabajo. Fui solo. Nadie me acompañó. Apenas tenía 17 años, llevaba mi Diploma de Vendedor Profesional en las manos; me lo entregó mi profesor el día en que me gradué del Instituto. Este profesor, que luego se convirtió en mi socio, Manuel Antonio Jiménez Santana, me había instruido sobre muchas cosas.

Iba vestido con chacabana blanca; caminé un kilómetro y medio hasta llegar a la oficina de TVeo que dirigía quien hoy es mi amigo, Ángel Puello. Mi entrevista iba a ser con Pablo del Pino, mi primer jefe y mentor de ventas.

Pablo me recibió en la puerta, me saludó como si me conociera e hizo su mayor esfuerzo para que aquel joven—que aún recuerdo como si fuera ayer—tomara su atención y se sintiera importante. Posiblemente, yo sería su único entrevistado del día o quizá de la semana. Para él yo era uno recurso, para mí esta era una gran oportunidad. Pablo me acogió y me dijo: «Bienvenido a una aventura que cambiará tu vida. Te vas a convertir en uno de los mejores vendedores en publicidad de este país». No creía lo que estaba escuchando, pero él me inspiró una enorme confianza y entusiasmo, me colocó la pila para salir a vender. No me mostró un Rolex, no vi su carro último modelo, ni siquiera había indicios en la oficina de que se trataba de un magnate; simplemente me inspiró por la forma en cómo manejó la entrevista.

*La ley de la inspiración*

La primera regla de oro para que tus vendedores se comprometan contigo es que los inspires. Sin inspiración, no habrá resultados a largo plazo. Si tengo algún logro con mi gente es por el tiempo que dedico al proceso de inspiración. Trato de que ellos entiendan que vale la pena trabajar a mi lado. Quiero que lo sientan: «Vas a crecer, vas a aprender y deseo que te conviertas en la persona que soñaste ser, yo quiero ser parte de eso»; eso es lo que deseo para ellos y se los comunico. Quiero que tengan esa seguridad: «Cuando hayamos terminado, tu vida habrá dado un giro de 180 grados». Esa son las palabras que quiere oír el que viene a nuestro lado.

*«Un gerente simple informa al equipo sobre lo que hay que hacer. Un Líder exitoso los inspira para producir resultados extraordinarios».*

Dío Astacio

No podemos hacer que los resultados se produzcan en la realidad si primero no se conciben en la mente de nuestro socio o vendedor.

Cuando logramos ser una fuente de inspiración en nuestro equipo y ellos entienden que les estamos cambiando la vida, darán la vida por nosotros y por el equipo y entregarán más allá de lo necesario para convertirse en vendedores extraordinarios.

Lo que ha hecho que la gente siga a líderes como Mandela, King, Gandhi y muchos otros no es el dinero, ni la fama ni el poder; es básicamente porque estos líderes inspiran a otros.

En mi primera experiencia con mi mentor Pablo del Pino, fui completamente inspirado, él me inspiró. Recuerdo que se aprendió el nombre de mi madre, porque en ese momento no tenía esposa e hijos. Aprendió el nombre de mi madre y todos los días me preguntaba por ella. Para mí era una sorpresa que mi jefe se interesara por mi madre. La manera como trataba a los demás, su forma de vender y de trabajar me hicieron imitar muchas cosas de él, por eso mediante estas líneas le dedico este homenaje, porque él me inspiró. Es alguien de quien jamás he vuelto a saber, pero debo decir a mis queridos lectores que, si quieren conservar vendedores y socios de negocios que den todo de su parte, deben insistir en ser una fuente de inspiración en cada una de esas vidas.

Hay muchas maneras en que la gente toma inspiración de nosotros. Por ejemplo, nuestro interés en producir un impacto positivo, nuestra entrega al trabajo, la manera en cómo tratamos a los demás, nuestra constante atención a sus necesidades, nuestro profundo apoyo en sus momentos difíciles, nuestro conocimiento del tema y nuestra sensibilidad humana. Lo cierto es que se pueden emplear varias herramientas para que las personas te sigan sin necesidad de que las manipules, porque una cosa es inspirar y otra muy distinta manipular. Esto hay que tenerlo bien claro.

Para que los vendedores tengan la opinión de que tú has sido una bendición en sus vidas, debes interesarte por ellos e inspirarles. Pero más que eso, la experiencia me ha demostrado que cuando pasan diez años de haber trabajado con un colaborador, ya no recuerdo cuánto dinero gané con él o él conmigo. No recuerdo su posición en el tablero de ventas. De hecho, debo confesar que a veces he olvidado incluso la empresa para la que hemos trabajado juntos. Sin embargo, hay algo que no olvido nunca y que valoro más que todo y son esos momentos de inspiración, los momentos de consejería y lo que más me importa de todo eso es su realimentación sobre lo que pude lograr en él como persona, escuchar de su voz que he sido una fuente de inspiración para él, que está en tal o cual lugar y que mis consejos y mi tiempo a su lado fueron de bendición. Eso es lo que realmente queda en las personas. Todo lo demás ni siquiera se puede cuantificar con facilidad; solo lo intangible queda para bien o para mal.

Existen por ahí muchas técnicas para que las personas se inspiren al verte, de hecho, yo podría tomar este espacio para desglosar algunas, pero la verdad es que, desde mi óptica, la única técnica que funciona realmente es ser genuino con lo que eres y con lo que haces. Las poses definitivamente, tarde o temprano, se revelan. Es casi imposible inspirar a los demás si no somos seres genuinos y veraces. La gente se inspira al ver tu pasión por lo que haces, al ver lo convencido que estás y cómo amas aquello que ellos también aman.

Los profesores suelen inspirarnos porque aman lo que hacen al enseñar con el corazón. Por eso sugiero que tú, como líder, examines qué tan apasionado eres para hacer las cosas. Tú, como líder, debes medir tu pasión por lo que estás llevando a cabo. Si eres un líder de ventas o un asesor de negocios que no se apasiona en cerrar ventas, reclutar un nuevo afiliado, motivar a su equipo, hacer una buena reunión, hacer que ellos echen hacia delante, entonces es hora de que evalúes lo que estás haciendo, porque no podrás inspirar a nadie si tu corazón carece del fuego inspirador, lo cual siempre es notorio.

∾

**«La gente se inspira al ver tu pasión por lo que haces, al ver lo convencido que estás y cómo amas aquello que ellos también aman».**

∾

Hay seis cosas que he visto que hacen de una persona un ser de inspiración.

## 1. Tiempo

Las personas que inspiran siempre pueden dedicar tiempo. Si deseas que alguien esté apasionado contigo y esté dispuesto a seguirte a cualquier precio, deberás dedicarle tiempo. Jesucristo, el mayor ser de inspiración, caminaba con sus discípulos. Todos los maestros y líderes inspiradores tienen un grupo de personas a quienes les acompaña un común denominador: el tiempo de calidad que se les dedica. He visitado las oficinas de muchos líderes importantes y los más exitosos. Contrario a lo que la mayoría de la gente piensa, se toman su tiempo con las personas porque las consideran importantes. La mayoría de ellos no suele delegar las relaciones; sin embargo, me he reunido con personas que no tienen ese nivel de compromiso ni de éxito y nunca tienen tiempo para dedicar a lo que tienen en frente.

Recuerdo en una ocasión que me subí a un taxi cuyo conductor iba a una alta velocidad y con mucho afán por depositar un paquete. Ese paquete era yo. Por lo tanto, le dije al conductor: «¿Por qué en lugar de disfrutar un tiempo de calidad con el cliente que tienes ahora, te afanas tanto por dejarme e intentar conseguir otro pasajero? ¿Qué tal si en una conversación conmigo descubres que puedo ocuparte todo el día? Además ¿qué pasaría si me ganas como un cliente abonado y en vez de llamar a otros taxistas te llamo siempre a ti?». El taxista se sorprendió por lo que le había planteado y bajó la velocidad, tomando en cuenta que en mi país los taxis no se pagan por taxímetro, sino por tarifa fija.

En conclusión, si quieres inspirar a alguien, dedica ese tiempo exclusivamente para la persona y hazle saber cuán significativo es para tu vida.

## 2. Distinción

Al hablar de distinción, me refiero al concepto de brindar un trato especial a los demás. Las personas que inspiran no solo dedican tiempo, sino que también se dedican a distinguir a sus invitados, hacen lo posible para crear un ambiente en el que su invitado o entrevistado se sienta importante y muy bien atendido.

A lo largo de mi transitar por este mundo de los negocios y las ventas, he visto todo tipo de acciones. Creo que una de las acciones que mayor motivación producen en las personas es la distinción. Si tratas a tus vendedores o ejecutivos de negocios como un cualquiera y no les atiendes como se merecen, nunca lograrás generar un respeto hacia tu persona como líder. La Biblia dice «*Haz con los demás como quieres que hagan contigo*» *(Mateo 7.12)*, a esto se llama la regla de oro y debemos ser honestos: A todos nos gusta que nos distingan.

Además de la remuneración económica que todos

perseguimos, es indispensable que se les brinde un ambiente de reconocimiento y que se sientan altamente valorados. En este sentido los incentivos, las reuniones, un café, organizar una actividad social puede resultar sumamente gratificante e inspirador.

### 3. Atención a las necesidades

El líder inspirador está atento a las necesidades ajenas para brindar soluciones. He visto eso una y otra vez. En el momento en que se habla de necesidades delante de un líder inspirador, él siempre se va a interesar y va a estar dispuesto a cooperar y ofrecer solución a cualquier inconveniente que se presente en relación a su equipo. Si la persona que tiene en frente no se siente apoyado, terminará desmotivado.

Recuerdo que cuando mi hermano menor Edward falleció, muchas personas se presentaron en la funeraria, pero ver a mis líderes y a mis jefes de la época ha sido algo que he valorado todo este tiempo. Saber que personas tan ocupadas se toman el tiempo para acompañar en los momentos difíciles es algo muy especial. Lo mismo sucedió con la partida de mi hermano mayor, Franklin. Por mi parte, hago mi mayor esfuerzo por estar al lado de aquéllos que están bajo mi supervisión o mi liderazgo, las personas que me siguen a nivel político, mi equipo de negocios, amigos de hace tiempo, compañeros, clientes y por supuesto, los hermanos de la congregación que pastoreo y mi familia.

Realmente, compartes con personas en un momento, pero no sabes cuándo esa persona se unirá a ti en tal o cual actividad. No es para nada inspirador tratar a bien a la gente solo porque te otorga un beneficio en un momento determinado. Mi recomendación es que no lo hagas. Realiza el esfuerzo de tomar en cuenta a todas las personas que te rodean porque no sabes quién de ellos será tu mejor aliado el día de mañana.

## 4. Sinceridad

Una persona que habla con falta de sinceridad no puede inspirar a los demás. La sinceridad es vital para que tu gente se sienta inspirada. La falta de sinceridad es algo que se percibe con mucha facilidad.

A propósito de eso, advierto que las mujeres son más inteligentes que los hombres para percibir la falta de sinceridad, por lo que si tienes en tu equipo muchas mujeres, toma en cuenta que no es tan fácil confundirlas como algunos creen. Ese sexto sentido es especial para descubrir la hipocresía. Aquel que se concentra solo en los resultados, pero no busca dejar una huella en la vida de quienes le rodean, difícilmente logrará inspirarlos.

## 5. Pasión

Albert Einstein solía decir: «No tengo ningún talento especial, solo soy apasionadamente curioso». Sin pasión, no se inspira. No importa lo que digamos o cómo lo digamos, es casi imposible inspirar a las personas sin pasión.

John C. Maxwell dice: «El valor de un gran líder para cumplir su visión viene de la pasión, no de la posición». Alguien dijo: «La pasión por lo que haces te hará entender que los límites solo están en tu mente». Una persona que no demuestra pasión no puede impulsar a nadie, pues la pasión genera admiración y esa admiración resulta ser un impulso para quienes nos rodean.

## 6. Visión

Todo aquel que sabe hacia dónde va, encuentra seguidores. La calidad de estos seguidores dependerá mucho de la firmeza en la visión. Dwight D. Eisenhower dijo: «Liderazgo es el arte de hacer que alguien haga algo que tú quieres porque la personas quieren hacerlo». Si te sientes líder y nadie te sigue, puede que lo seas, pero es lo que yo llamo un líder de opinión; que es otro tipo de liderazgo. Sin embargo, para el caso que nos ocupa, es importante contar con personas que nos sigan genuinamente. Para esto, es imprescindible tener visión.

Desde que éramos pequeños hasta hoy, hemos seguido a alguien y éste normalmente es el que camina, el que va hacia alguna parte. Cuando sentimos que alguien decide cruzar el río, pues lo cruzamos. Cuando Colón entendió que se podía cruzar el océano, encontró otros que le siguieron. No importa si está cuerdo o no; cuando alguien va hacia algún lugar y lo hace con convicción, encontrará quien le acompañe.

*«Si la conciencia no gobierna la visión, la disciplina y la pasión, el liderazgo no perdura y tampoco las instituciones creadas por él».*

Stephen Covey

Recuerdo una obra que presentó mi amigo, el productor cristiano. Jesús Villanueva, basada en un productor de Hollywood que llegó a un pueblo y empezó a reclutar personas para hacer una película. Resulta que mucha gente tuvo interés en participar en ese filme. En el transcurso de la obra, el personaje exhibía algunas acciones incoherentes, sin embargo, las personas de todos modos le seguían. La obra concluye cuando un grupo de paramédicos de un hospital psiquiátrico lo toman y le colocan una camisa de fuerza porque era un enfermo mental que se había escapado de un manicomio. ¿Qué quiero demostrar con esta historia? Que se puede inspirar a las personas cuando hay un convencimiento de lo que se está haciendo o de lo que se lleva a algún lugar.

Mientras las personas no conocen el camino, aunque no conozcan todo el destino, no se sentirán seguras y muchos menos inspiradas para seguirte. Por eso, si quieres inspirar a las personas, mi sugerencia es que; antes de reunirlas, es bueno que sepas hacia dónde quieres llevarlos. Me gusta la frase de Jack Welch que dice: «Los mejores líderes no proveen un manual de instrucciones paso a paso para los empleados, lo mejores líderes son aquellos que traen a la luz nuevas ideas y articulan una visión que inspira a los otros a actuar».

Recuerda inspirar a las personas. Toma en cuenta que esto no es algo que puedes hacer solo por lo que es. Es también de mucho valor entender que las personas se inspiran por lo que muestras de ti. La diferencia entre líderes que inspiran y los que no es precisamente cómo muestran lo que son. Hay gente llena de cualidades, pero no tienen la capacidad de generar inspiración. Sin embargo, hay quienes no tienen tanto, pero logran, en una primera entrevista, inspirar a otros a seguirles. En el liderazgo de ventas y de negocios, es preciso que las personas estén inspiradas. Si sientes que no tienes esta cualidad, por favor, no te desanimes. Te garantizo que, con las herramientas de este libro, encontrarás la manera de convertirte en un líder inspirador. Más que eso, quiero declarar que hay una séptima herramienta que no la voy a desglosar aquí puesto que no requiere de mucha explicación y puede que sea la más importante. Esta herramienta puede convertirte en un ser inspirador. Me refiero al ***trabajo***. Si no trabajas duro, todo proceso de inspiración se viene abajo. Lo que diferencia la inspiración del carisma es el trabajo. Hay gente muy carismática e inspiradora. Lo que hace que su carisma se convierta en inspiración es el trabajo. Por eso, hay personas que sin carisma pueden lograr inspirarnos, aunque les cueste más tiempo.

∽

*«Para manejarte a ti mismo, usa la cabeza. Para manejar a otros, usa el corazón».*

*Eleanor Roosevelt*

∽

**La ley del éxito proyectado**

Nací en Sabana de la Mar, un pueblito ubicado en el este de mi país, República Dominicana. Nuestra casa estaba a menos de un kilómetro de la playa. Podía oír las olas del mar por la noche y qué bueno que en ese momento no sabía lo que era un tsunami. Recuerdo haber caminado por la orilla y ver a los pescadores. Realmente, es un ambiente fascinante por su tranquilidad; pero al mismo tiempo, un tanto deprimente por las enormes necesidades económicas que sufren sus habitantes. Recuerdo haber visto las redes que usaban los pescadores y verlos remendando tan imprescindible herramienta de trabajo. Fue en un ambiente similar a este cuando Jesús apareció en la vida de algunos hombres a los que al pasar le dijo: *«Síganme y les haré pescadores de hombres».* (Mateo 4.19)

El rol de un líder de ventas es hacer que la gente se dimensione hacia otro nivel. Vas caminando en una tienda de departamentos y de repente encuentras a una joven encantadora que vende perfumes y lo hace con una brillantez y entusiasmo que a ti, que eres un experto en ventas, te deja impresionado. Te hace comprar el perfume que no querías comprar y finalizado el proceso, le preguntas cuánto le pagan allí, encontrando en su respuesta la realidad de que le pagan casi nada. Creo que esta vendedora es una persona que está remendando redes. Ella no tiene idea de su potencial y allí te encuentras tú escuchándola, así que decides entrar en acción y le dices: «Sígueme, que te voy a hacer una persona exitosa. Si me sigues, serás lo que has soñado ser y tendrás lo que has soñado tener».

Robert Green Ingersoll, abogado, veterano de la guerra civil estadounidense, líder político y orador, dijo: «Subimos al elevar a otros». Esta es la esencia del ser líder de negocios: hacer ver a tu equipo que a tu lado el éxito es cuestión de tiempo. Pero no se trata solo de que ellos lo vean, sino de que entiendas que tu éxito está basado en proyectar a las personas y llevarlas hasta la cima. Tu éxito está ligado al éxito de tu equipo.

En el año 1996, cuando era gerente de ventas en la Compañía Nacional de Seguros, una de las aseguradoras más importante de mi país, tuve la oportunidad de participar en la competencia anual de la empresa conocida como «Concurso Presidente» en honor al Sr. Máximo Pellerano, dueño de la aseguradora, un ser humano excepcional de quien aprendí bastante. En esa ocasión, cuatro de mis vendedores ganaron distintos premios en distintas categorías, de tal manera que me tocó subir al podio a entregar el galardón a cada uno de ellos junto a otros ejecutivos. Cada vez que subía, se provocaba un comentario en la audiencia y cuando subí a premiar a mi cuarto vendedor, alguien vociferó: «Acabó con tó». Con esa frase muy típica de mi país, está persona quiso decir que había ganado demasiados premios y que se hizo algo grande.

En función de los premios ganados por los vendedores

¿quién resultó el gerente del año? Por supuesto que yo. Si tus vendedores ganan, desde luego que tú ganas. Dos meses después, me llamaron y me ofrecieron una promoción para hacerme Director de Negocios en uno de los Bancos del grupo financiero, posición que me permitió avanzar notablemente en la corporación y en mi vida. Para ese entonces, mi mentor de ventas era el Sr. José Zapata, hoy vicepresidente ejecutivo de Humano Seguros, la primera Administradora de Riesgos de Salud de nuestro país y fue él precisamente quien me enseñó la ley del éxito proyectado. Con él aprendí la importancia de hacer que las personas sientan que avanzan y hacer que las personas avancen realmente. Su impronta en mi vida me hizo otra persona. Él tenía la capacidad de proyectar el éxito. Cuando hablo de proyectar no es que se vea el éxito en el líder, es que el líder nos haga sentir que su éxito será el nuestro. El líder ha de hacer sentir a su equipo que ellos estarán en la cima, que es allí donde pertenecen y por tales razones, no existe ninguna duda de que van a triunfar juntos.

Cuando me hicieron Director de Negocios, el Sr. Zapata era Director de Negocios en La Compañía Nacional, lo que quiere decir que de ser mi jefe pasó a ser un homólogo; sin embargo, pasaron dos cosas muy interesantes en ese sentido: primero, yo nunca sentí otra cosa que no fuera respeto por él y para mí siempre siguió siendo mi jefe. De hecho, hoy conservo el mismo respeto y cuando le llamo por teléfono suelo llamarle «líder». En segundo lugar, nunca reclamó nada, ni se sintió mal porque yo estuviera a su mismo nivel, fue todo lo contrario, nos sentamos en su oficina y me preparó para la nueva posición, lo cual me hizo sentir mucha confianza y entusiasmo.

Se sentía orgulloso de que su producto, la persona en la que invirtió su tiempo, trascendiera de esa manera, y lo hizo de corazón. Solo se puede proyectar nuestro éxito en los demás cuando es un sentimiento genuino. Estamos hablando de ser un espejo en el otro y de que, al vernos, el otro se vea reflejado. Esto hay que hacerlo sentir a nuestros vendedores y equipo de negocios una y otra vez.

El éxito proyectado es similar a lo que dijo Henry Kissinger: «La tarea de un líder es llevar a su gente de donde está ahora hasta donde no ha llegado jamás». No obstante, en el camino la gente tiene muchas dudas, muchos miedos y desafíos, por lo que no resulta fácil mover a las personas de un lado al otro, pero todo ello tiene que ver con el líder. El líder es quien debe proyectar a sus colaboradores hacia lugares donde ellos mismos no pensaron estar nunca y para esto, se necesita consistencia y fortaleza porque hay muchas personas que no sienten ni ven en ellos la menor esperanza de éxito.

Recuerdo a una joven que empezó a formar parte de mi equipo como vendedora en la compañía de seguros. Durante el proceso de entrenamiento, si yo repetía cualquier detalle, ella contestaba: «Yo sé eso, no soy bruta». Esto lo repitió en varias oportunidades, por lo tanto, un día le pregunté: «¿A ti quién te ha dicho que eres bruta?». Parece que en algún momento de su vida alguien le había hecho sentir así. Ella bajó la cabeza y luego, con lágrimas en los ojos, respondió: «Tiene razón. He estado casada por 15 años con un hombre que me ha dicho por todo ese tiempo que soy una mujer bruta». Esto nos muestra los niveles de trauma que traen las personas cuando llegan a nuestras manos, cosas que usted no tiene idea pasan por su cabeza y por su vida, por lo que es nuestro trabajo proyectarles el éxito que ellos mismo no ven.

### Desenrédenlo

La doctora en psicología, Felicia Díaz Rosa, es una de mis científicas preferidas; es mi psicóloga personal y la de mi familia. Con ella he aprendido mucho acerca del comportamiento humano. En una ocasión, me dijo algo muy interesante sobre la vida de las personas y comparó el proceso humano de crecimiento con la resurrección de Lázaro. Ella decía que cuando Jesús resucitó a Lázaro le dijo que se levantara y saliera de la cueva. Los hombres quitaron la piedra de la tumba y Lázaro se levantó, luego el Señor dijo: «Desenrédenlo», es decir, que le quitaran todas las vendas que como costumbre colocaban a los muertos en aquellos tiempos. Quitar todas esas vendas fue un proceso, además del mal olor que guardaban, ya que Lázaro llevaba tres días enterrado. Esto tomaría un buen tiempo hacerlo.

Al igual que como Lázaro salió de la tumba ante el llamado del Maestro, las personas llegan a nuestras manos muchas veces enredadas en aspectos de la vida que les hacen sentir que no van a lograr el éxito. Nuestro trabajo es quitar las vendas y proyectar éxito en su vida. Hay que quitar, paso a paso, todas las frustraciones para convertir a cada integrante del equipo en una persona fuera de serie. Esto es lo que al final te convertirá en un líder de negocios exitoso: llevar muchas personas al éxito. Para eso, el sentido de triunfo y el entusiasmo debe proyectarse constantemente en sus vidas.

Es importante tomar en cuenta que un aspecto de la proyección del éxito tiene que ver con nosotros, es decir, con el líder mismo. Si el líder no refleja que es una persona de éxito, no podrá proyectar ese sentido de triunfo en los demás. Es importante que el gerente de ventas o líder de equipos de negocios entienda que las personas esperan ver en él el triunfo que están buscando y puedo asegurarte que el vendedor es un gran observador. Esa es la razón por la que debes entender que no se puede proyectar la luz que no se tiene. El vendedor o ejecutivo de negocios es el espejo, tú eres la figura: Cuando te proyectes en ellos, lo que se verá es tu figura, no la de ellos. Eso quiere decir que hay aspectos fundamentales que todo seguidor va a observar en su líder, como son:

**A. *El vehículo que usas*.** Es muy drástico decirlo, pero si el líder anda en un vehículo que refleja menos éxito que el que tiene un vendedor, no es que renuncie por eso, pero es fundamental que realice un plan de crecimiento personal, pues los vendedores esperan que quien dirige tenga un status mayor.

Recuerdo cuando comencé a vender seguros de vida. Mi primer gerente y gran amigo, el señor Federico Villanueva, se caracterizaba por ser un líder recto y muy entregado a su trabajo. Me enseñó mucho sobre la vida, sobre el esfuerzo y sobre las ventas. Algo en lo que ponía mucha atención era su afán para que su vehículo estuviera limpio, luciera brillante y con olor agradable. Posiblemente, no era el mejor de los vehículos en ese entonces, pero él mostraba un gran interés en que su éxito se proyectara desde la manera en la que se veía su automóvil. Federico tenía muy en mente que para todo su equipo, él era un reflejo del éxito y que si quería que le creyéramos, todo cuanto le rodeaba debería tener un olor a triunfo.

∽

*«El liderazgo es una forma de pensar, una forma de actuar y, lo más importante, una forma de comunicar».*

**Simon Sinek**

∽

Haz todo lo posible para que tu vehículo esté limpio y organizado. Cuando las personas suben a nuestro vehículo, deben respirar el éxito. La organización es una parte importante de cómo reflejas esto. Es muy común que, por el carácter de un gerente de ventas o líder de negocios, tenga un carro con una inmensa cantidad de papeles, facturas, cajas con productos, etc. Tener un vehículo organizado es casi como pedirle que cruce el Niágara en bicicleta, pero el líder debe hacer su mayor esfuerzo para que los miembros de su equipo le sigan. Para mí esto ha sido todo un reto. ¡Créeme! No soy muy bueno en eso y lo confieso, pero no es imposible; solo hace falta desarrollar hábitos, pues el desorden refleja una señal de una vida fuera de control, lo cual envía una indicación a nuestros seguidores o vendedores para que no sientan admiración por nuestro éxito, pues su pensamiento proyectará: «Si esto es un hombre exitoso, no quiero ser como él».

**B. Tu imagen personal.** Desde los movimientos corporales, hasta la forma de vestir, los miembros de un equipo estarán al pendiente de su líder. Ellos saben cuándo va al peluquero o al salón, cuándo compra ropa nueva y cuándo usa perfume. Están, literalmente, al lado de su líder todo el tiempo, por lo que es importante para ellos que su líder proyecte éxito. Un líder de negocios no puede darse el lujo de andar desaliñado, usar ropa que no le represente y de estar por debajo de sus vendedores en relación a cómo se ve. Puede suceder que el vendedor parezca el gerente y aunque no lo creas, en la compañía, esto es algo que van a tomar muy en cuenta, incluyendo los ejecutivos superiores.

**C. Los detalles.** Napoleón Hill dijo: «El liderazgo eficiente requiere la habilidad de organizar y dominar detalles. Ningún líder genuino jamás está demasiado ocupado para hacer cualquier cosa que le requiera su capacidad de líder». Los detalles que parecen simples y herramientas de trabajo que son sumamente importantes, como tipo de bolígrafo que usa, lentes, carteras, gemelos, zapatos y detalles de trato humano como la cortesía, la etiqueta y el protocolo, la forma en cómo habla, las pausas y la sensibilidad humana—todo esto es algo que el vendedor o ejecutivo de negocios tendrá muy pendiente.

Es muy paradójico para mí como pastor decir esto, pues he transitado entre la vida pastoral, la política y los negocios y por alguna razón, es mi tendencia natural el proyectar humildad, sencillez y el lado humano.

En mi caso, no siempre observo esos detalles en las personas, de hecho, los paso casi siempre por alto, pero la mayoría de los gerentes y personas que buscan crecer por medio de los negocios no son pastores y debemos ser realistas: en el mundo de los negocios todo cuenta. Para cualquiera que lea estas páginas, podría parecer un tanto materialista lo que estoy diciendo. Sin embargo, la proyección del éxito no es un asunto personal, es una responsabilidad.

Un bombero debe vestir y proyectar lo que es, un médico o abogado por igual y no es un asunto de supremacía ni ostentación, se trata de que un líder es una persona que conduce a otros hacia algún lugar y, por supuesto, en el caso de las ventas y de los negocios, el líder los conduce hacia el éxito. Por lo tanto, no puedes conducir a muchas personas al éxito si la percepción que tienen de tu persona es la de un fracasado.

Lamentablemente, vivimos en un mundo donde lo primero que se ve en un ser humano son las ropas que lo cubren. Cada uno de nosotros ve miles de personas diariamente. No hablas con ellos, no sabes quiénes son; de lo único que te acuerdas al final del día es de lo que vieron tus ojos. Si te preguntan acerca de alguien que no conoces personalmente, te referirás al color de su piel, del cabello, qué ropa llevaba puesta, etc. Esto nos muestra que no siempre vamos a tener la oportunidad saber quién es el otro en realidad.

Muchas veces, solo veremos a la persona de lejos y nos formaremos una percepción. Esto nos obliga a entender que estamos en un escenario. Entras en escena desde que sales de tu hogar. Debes vestirte para actuar en las tablas de las ventas y de los negocios y en las tablas de alcanzar resultados, por lo que no se trata de ti, si no de lo que representas. Cuida los detalles. Logra que los miembros de tu equipo vean que el trabajo al que se están dedicando da los frutos para aquéllos que se esfuerzan. No se trata de que el líder haga alarde de tener un Rolex o un Porsche; pero lo creas o no, tus seguidores van a estar muy pendientes de ti. Lo comentarán entre ellos y te criticarán si no mantienes una apariencia digna de tu estatura y por el respeto que les debes.

No debemos confundir la humildad con la presencia. La gente tiene la percepción de que una persona que se viste formalmente y prefiere las buenas marcas es arrogante y pretenciosa, pero no es así. Como pastor, he visto personas que se proyectan visualmente humildes, pero cuando tratas con ellos, te das cuenta que son pedantes, orgullosos y amargados. No debemos confundirnos. La falta de presencia en el vestir no es un valor en las ventas y los detalles que usamos son de mucha importancia en los negocios. Te recomiendo leer mi libro *Coaching de ventas*. Allí tratamos estos temas en varios capítulos de manera amplia.

D. *Tu comportamiento financiero.* Nuestro equipo sabe cuándo llevamos una vida precaria y cuándo tenemos una vida económica saludable. Ellos lo perciben. Recuerdo en mi experiencia laboral haber compartido con varios colegas a quienes, por alguna razón, los vendedores los acusaban por pedirles dinero prestado. Esto para un gerente es devastador. Si tus vendedores saben que sufres de problemas financieros y tienes que acudir a ellos para resolver tus problemas personales, lamento decirte que tu carrera está a punto de colapsar. Si por alguna razón, requieres pedir dinero prestado, por amor a Dios, nunca se te ocurra pedirlo a uno de tus colaboradores.

Es importante aprender a mantener la imagen de que eres un hombre próspero. Siempre que puedas, paga las cuentas, que no vayan los cobradores a tu oficina constantemente. Mantén tus tarjetas de crédito al día para que en momentos de necesidad no dependas de nadie. Maneja bien tu crédito, pues en las empresas hay sistemas de buró crediticio donde muchos empleados acceden y ven tu vida personal, aunque no lo creas y de allí, se corre la voz. Si el vendedor ve que no tienes dinero para poner combustible, pagar un almuerzo, etc, no pensará que eres un desorganizado; pensará que la carrera no vale pena y que no produces lo suficiente para vivir con dignidad.

No todos los tiempos en la vida de los líderes de negocios resultan ser de tanta holgura, hay altibajos cuando se trata de negocios independientes. Eso es una realidad debido a que se incurren en fuertes gastos, inversiones, compromisos, etc. A esto se suma que un ejecutivo de ventas independiente, por ejemplo, recibe una comisión muy jugosa, pero puede que pase varios meses sin recibir el mismo ingreso, por lo que debe organizarse para seguir cumpliendo sus compromisos económicos con lo que ganó hasta que vuelva a recibir una buena ganancia. Esto es algo que ocurre comúnmente en el sector de bienes raíces. A mayor compromiso moral y de liderazgo, mayor compromiso económico hay. Sin embargo, una persona que dirige una fuerza de ventas y que tiene un estímulo de ingresos en salarios y comisiones aceptables, debe manejarse de forma adecuada. También los independientes debemos aprender a hacerlo, puesto que no es lo mismo el tener el manejo exclusivo de tus fondos donde nadie tiene acceso, a estar en una empresa o una organización en la que todos te están observando. Como dije en mi libro

*Éxito Integral*, quien no maneja sus finanzas, no maneja su vida.

**E. *Tu estilo de vida*.** Otra forma en la que proyectamos el éxito es con el estilo de vida. Nadie quiere trabajar para alguien que proyecte un estilo de vida de miseria y agotamiento. Si demuestras siempre que estás cansado, que no tienes energías, nadie querrá llegar a esa posición, salvo algunas excepciones en donde líderes de negocios independientes se dedican a brindar sus servicios de forma paralela a instituciones de carácter educativo, político o religioso ocupando gran parte de su tiempo libre en labores de naturaleza social.

En una ocasión, iban a contratarme para dirigir la escuela de marketing de una universidad. Hubo una cita previa con el rector. Eran las 3:30 de la tarde y el caballero no había almorzado. A esa hora, solicitó que le trajeran de la cafetería de la universidad un sándwich, el cual se comió en la misma oficina mientras yo le esperaba para iniciar la entrevista. Para mí eso fue desastroso.

El estrés es el mal de nuestros días. Millones de personas, sobre todo las que tienen múltiples responsabilidades y que viven en las ciudades más desarrolladas, están sometidas al estrés, provocando una disminución en su calidad de vida. Pero no podemos negar que en los países latinos comer de prisa es algo que ocurre con mucha frecuencia, incluyendo a ejecutivos de alto nivel. Lo he visto en los seguros, en la banca, en donde sea y puedo confesar que, en alguna ocasión, yo mismo cometí errores similares, tal vez por la forma en cómo hemos sido criados. Es común que una madre le empaque el desayuno al chico porque no le dio tiempo de desayunar en casa para que lo coma en el carro. El nivel de aceleramiento con el que nos desenvolvemos hoy provoca eso y muchas cosas más. Muchas veces, mi esposa y yo hemos discutido este asunto debido a que mis hijas han solicitado llevar el desayuno al vehículo cuando no les da tiempo y eso para mí es inconcebible.

En lo personal, he optado por no comer nada si por alguna razón no me da el tiempo para desayunar o almorzar. Por eso, acostumbro a decir a mi personal: «Coman como reyes hoy» y el hoy significa de acuerdo a como viven hoy, es decir, que lo importante no es solo lo que comen, sino cómo lo comen.

Una regla fundamental en nuestra organización es que las personas hagan un stop a la hora del almuerzo y todos juntos coman con dignidad. Soy alérgico a los platos desechables para el personal. Me gusta que todo el mundo reciba un trato digno, como si fuera en un restaurante.

Recuerdo cuando era pastor en la Iglesia Encuentro. Mi secretaria de entonces, mi amiga y hermana Rossy Cruz, tal vez por no observar esa cantidad de platos en la cocina, de vez en cuando, traía platos desechables a la mesa. Todo el cuerpo administrativo de la iglesia comía en la misma mesa. Siempre les pedía venir a la mesa ubicada en el salón y tanto el pastor asociado Gerson Rojas, Rossy, mi esposa, yo, así como algún visitante, debíamos almorzar sentados y utilizando una vajilla—nada de platos desechables.

No tomaba llamadas en ese momento porque para mí la mesa es sagrada. Lo mismo ocurría si realizaba una actividad para la iglesia en general. La encargada de eventos de la iglesia me decía que pedir vajillas en alquiler era un gasto innecesario, pero mi visión es que las personas deben ser tratadas como a uno le gusta ser tratado y a menos que no tengan los recursos, trata siempre de distinguir a quienes te rodean como a ti te gusta que te distingan. Eso no tiene nada de pretencioso, simplemente es dar a las personas el respeto que merecen. Igual sucede en nuestra oficina de negocios; los empleados y colaboradores almuerzan con nuestra familia en muchas ocasiones.

Si comes como un obrero hoy, entonces tu vida de hoy es de obrero. Si lo repites mañana, sin importar el puesto que tengas, lamentablemente, serás un obrero.

Haz que tu equipo vea que tienes un estilo de vida a la altura de un líder. Que tu trabajo ha producido un nivel que te permite vivir con dignidad. Para ello, toma en cuenta lo siguiente:

**Descansa** – No muestres al grupo que eres un esclavo del trabajo, aunque así sea. Prográmate para ir a un buen hotel un fin de semana. Haz un presupuesto para ello. Esto es parte de tu vida, de tu salud y de tu proyección.

**Viaja** – Debes demostrar que tu trabajo te otorga ingresos que te permiten viajar y que si ellos se esfuerzan, también van a viajar como tú lo haces. Si te organizas y dejas de hacer gastos innecesarios, créeme que podrás lograrlo.

**Lee** – Muestra a tu grupo que te brindas tiempo para leer, para nutrirte. La lectura de buenos libros de crecimiento, motivación, desarrollo personal, religiosos o de literatura te proveerán una fuente inagotable de recursos para tu crecimiento personal, tu relación con los demás y en lo económico. Si no lees, ellos tampoco lo harán.

**Estudia** – Tus vendedores deben ver que a pesar de tus logros en la compañía o en la organización, no dejas pasar la oportunidad para tomar nuevos cursos, postgrados o maestrías. La educación para mí es eterna, nunca termina. No significa que te pases la vida de universidad en universidad, pero trata de llegar a un nivel académico aceptable. Con la facilidad de carreras online, el no tener un título de grado es una excusa. Si tu organización te insta a estudiar y a leer, no desperdicies esa oportunidad. ¡Aprovéchala!

**Diviértete** – Cuando trabajaba en la empresa de telecomunicaciones Tricom solía salir al medio día y me iba a nadar o al gimnasio. Luego iba a almorzar con mi familia. Para muchos esto era una locura, para mí era salud y nivel de vida. Muchos no comprendían cómo podía tener tiempo y yo les demostraba que con disciplina todo es posible. Nadar por 15 minutos para mí era muy favorable; no solo me relajaba, sino que me divertía. Regresaba a casa a almorzar y en una hora, ya estaba en mi oficina para continuar hasta las 7:00 p.m. sin sentir el cansancio.

¿Sabes algo? Las personas más cercanas siempre se preocupan mucho y viven colocando un «pero» a todo lo que un líder quiere hacer. Actualmente soy escritor, coach de negocios, pastor, político, viajo a impartir conferencias, tengo un programa de radio, casi siempre voy a almorzar a mi casa si no estoy de viaje, llevo una dieta estricta, imparto consejería y los domingos en la noche suelo predicar en algunas iglesias donde me invitan. He formado un movimiento social en el que debo visitar provincias del país de vez en cuando. A estas alturas de mi vida, todavía hay gente que me sigue preguntando cómo lo hago y tienen la osadía de pedirme que deje algunas de estas cosas, pues nadie puede hacer tanto a la vez. Sin embargo, yo les demuestro que cuando hay disciplina, hábitos y agenda es posible. No creas que no me ha costado sacrificio y que no me he agotado. Si te dijera que no, estaría mintiendo, pero en el liderazgo se debe tener determinación.

Si te lo propones, puedes tener formas de relajarte y divertirte.

Establece días y horarios para salir con tu esposa, con tus hijos o con tus amigos. Realiza una actividad deportiva, recreativa, musical, etc. Sal con tu equipo. Puedes coordinar salidas de recreación con tu equipo y eso inyectará más motivación. Una parrillada, una salida a la playa, al cine; hay decenas de actividades que hacer.

En uno de los puntos anteriores, mencioné que el trabajo lo es todo, pero no todo en la vida es trabajo. ¿Me comprendes? Son dos puntos distintos. Debes hacer que el trabajo lo sea todo mientras debas hacerlo, después de ahí la vida continúa. Recuerda que tienes familia, amigos y relacionados, no los abandones porque de nada sirve estar en la cima, si no se tiene con quien compartir el éxito. Si tus vendedores ven que te matas sin producir nada que te permita tener cierta libertad, no creerán nada de lo que les digas con respecto a lo que pueden lograr trabajando a tu lado.

**F. Ten un toque aristocrático.** Insisto en que esto aparentemente contradice mi vida de pastor de ovejas, pero debo decir también que estamos hablando de una carrera que requiere herramientas de proyección. Voy a poner un ejemplo: Vas a un banco a hacer un negocio y deseas que te atienda el gerente. Mi pregunta es: si el gerente no tiene ese toque de gerente, ¿qué piensas tú? Por más cristiano que seas, es casi seguro que te harás una idea de qué tipo de gerente bancario te ha atendido y puede que hasta te preguntes si valdrá la pena invertir en una entidad donde sus ejecutivos no proyectan seguridad ni siquiera en su forma de vestir.

Incluso he escuchado a personas decir: «Esa persona sabe de eso, ¿no ves cómo se le nota? Debe ser sabio para alcanzar esa posición». A eso le llamamos prejuicio y en los negocios, los prejuicios abundan. Por consiguiente, busca la manera de proyectar que tu carrera te ha llevado a niveles a los que tus seguidores desean llegar. Es lamentable, pero cierto, que al ser humano común no le gusta ser dirigido por personas que también aparentan ser comunes. Es algo que llevamos en la sangre, por eso los reyes de Inglaterra, España y otros países europeos mantienen su vigencia. Al ser humano le gusta mirar hacia arriba con respeto y hacia abajo con menosprecio. Es algo que la antropología deberá explicar.

Debes comprender que, a menos que parte de tu trabajo sea como el mío, en el cual me desenvuelvo en dos aguas a la vez, mientras más humilde te muestres con tus vendedores, menos respeto mostrarán hacia ti. Hago mención del concepto de las dos aguas porque he tenido que aprender a diferenciar una cosa de la otra. Como dice el refrán: «Una cosa es con violín y otra con guitarra». En mi caso, toco el violín, pero en ocasiones debo tocar la guitarra y hasta la güira; pero ese no es el caso cuando te desenvuelves como un hombre de negocios exitoso.

Hay que aclarar que la humildad no tiene que ver con lo humano; tiene que ver con que vistas una camisa de mala calidad y comas con las manos, lo que no te va a atraer mejores seguidores, pues te verán como un ser humano corriente y te etiquetarán de vulgar y común.

Es triste que las cosas sean así, pero esto no tiene que cambiar en nada tu naturaleza como ser humano. Debes procurar ser sencillo, de buen hablar, paciente, amigable y amable; pero recuerda que un rey tiene su posición, el presidente de una nación tiene su posición y un líder de negocios exitoso debe colocarse en la posición que le corresponde para proyectar el éxito en su equipo.

**Las prioridades de tu vida**

Mientras un experto en gestión de tiempo daba una conferencia, puso sobre la mesa de la sala un frasco de cristal y un montón de piedras del tamaño de un puño.

—¿Cuántas piedras caben en el frasco? —preguntó. Mientras el público hacia sus conjeturas, fue introduciendo piedras en el frasco hasta llenarlo. Luego preguntó:

—¿Está lleno? —Todos asintieron. Entonces, sacó de debajo de la mesa un cubo con gravilla, puso parte de ella en el frasco y lo agitó. Las piedrecitas penetraron por los espacios que dejaban las piedras grandes. El experto volvió a preguntar...

—¿Está lleno? —Esta vez los asistentes dudaron.

—Tal vez no —dijo uno, y acto seguido, el conferenciante extrajo un saquito de arena y la metió dentro del frasco.

—¿Y ahora qué dicen? —interrogó de nuevo.

—¡No! —exclamaron los presentes y tomó un jarro de agua que empezó a vaciar dentro del frasco, el cual aún no rebosaba. Terminada la demostración, preguntó:

—¿Qué acabo de demostrar?

Uno de los asistentes respondió:

—Que no importa cuán llena que esté tu agenda, si lo intentas, siempre puedes hacer que quepan más cosas.

—¡No! —repuso el experto, y concluyó diciendo: —Si no pones las piedras grandes al principio, luego ya no cabrán las demás.

En conclusión, haz que tu vida tenga prioridades que te permitan proyectar el éxito entre tus seguidores. Si no reflejas el éxito, no podrás proyectarlo y si no lo proyectas, tus seguidores querrán trabajar con otra persona que sí lo proyecte.

**La ley del ingreso**

Un director de empresa que acababa de asistir a un seminario sobre motivación llamó a un empleado a su despacho y le dijo:

–De ahora en adelante, se le permitirá a usted planificar y controlar su propio trabajo. Estoy seguro de que eso hará que aumente considerablemente la productividad.

–¿Me pagarán más? –preguntó el empleado.

–De ningún modo. El dinero no es un elemento motivador y usted no obtendría satisfacción de un simple aumento de salario –contestó el director.

–Bueno, pero si aumenta la productividad se supone que me pagan más.

–Mire usted –dijo el director–, evidentemente, no entiende la teoría de la motivación. Llévese a casa este libro sobre motivación y léalo. En él se explica qué es lo que realmente debe motivarle.

Cuando el empleado salía del despacho, se detuvo y dijo:

–Y si leo este libro ¿me pagará más?

Esto desde luego parece un chiste; sin embargo, en el fondo refleja la realidad del corazón humano. Independientemente de que te digan que el dinero no es la mayor fuente de motivación, el 95% de los seres humanos trabajan para cobrar y para cobrar bien. Si no cobraras en tu empresa, tus días en ella estarían contados, a menos que estés allí como voluntario en una institución sin fines de lucro, lo cual es otra cosa. Por ello, es función del líder de negocios preocuparse de que su equipo sea bien remunerado por su trabajo y para que cada vendedor o representante perciba de manera particular los recursos que necesita para vivir con dignidad y satisfacción.

∼

«*Detrás de un gran esfuerzo, debe haber una recompensa*».

*Dío Astacio*

∼

El vendedor o representante de negocios, más que cualquier otro trabajador, suele ser una persona ambiciosa; si no fuera así, se conformaría con un empleo de salario fijo. Por cuanto es ambicioso en lo que persigue, en la mayoría de los casos, prefiere no tener un salario y que sus ganancias dependan de su esfuerzo. A mayor esfuerzo, mayor ganancia. En fin, elige las ventas o el mercadeo en redes porque quiere ganar más dinero. El área de negocios es donde se produce más dinero y se tiene más libertad. No es posible que un líder de negocios tenga miembros motivados en su equipo cuando no se preocupa por lo que ellos ganan. Si tus representantes no están ganando dinero, entonces no van a permanecer ni tu liderazgo ni tu puesto en la empresa.

Un estudio realizado a 16 mil ejecutivos hace algunos años por una empresa llamada Teleometrics International reveló que un 13% de ellos eran considerados como grandes triunfadores. Esto se debía a que demostraban una tendencia a preocuparse por las personas tanto como por las ganancias. El estudio revelaba que los ejecutivos «promedio» se concentraban más en la producción y que los ejecutivos de bajo rendimiento se preocupaban más por su propia seguridad.[2]

Para obtener una visión más amplia sobre el tema de los ingresos, hay algunos aspectos que deberás observar:

**A. *Las ventas*.** Si un vendedor no vende, no puede tener ingresos favorables. Es muy urgente que tú como líder hagas que tu gestor de negocios, representante o intermediario realice el mercadeo de los productos o servicios de manera que produzca ingresos. Si un gestor no vende, no gana y si no gana, se va de la empresa o la empresa prescinde de él. Si un representante de negocios independiente no vende o no incentiva a quienes están bajo su supervisión a hacerlo, puede estar seguro que su negocio no producirá los resultados esperados. Los negocios sin ventas no son negocios, ya sea que vendas productos, servicios o cualquiera que sea el producto. Hay muchas opciones de negocios que te ofrecen ganancias sin ventas ni referidos. Personalmente, no creo que eso funcione. En los negocios, siempre habrá algo que comercializar.

En una ocasión, uno de mis cuñados y además pediatra de mis hijas, el Dr. Daniel Javier Pimentel, me contó una historia sobre un profesor de medicina que le decía a sus estudiantes: «No deje que el paciente se muera, mejor mátelo». Es decir, intente salvarlo y si se muere por algo que le puso mal, es menos terrible que se muera porque usted no le puso nada para salvarlo. Igual pasa con los vendedores o agentes; nuestro rol es hacer que ellos ganen dinero, no podemos permitir, por ninguna circunstancia, que un mes pase y tu gestor gane menos que los meses pasados. En el caso de los

---

2      Tomado del blog de Minor Arias. Conferencista & Coach de Liderazgo. http://www.lideresdeterminados.com/un-lider-cuida-de-su-gente/

nuevos, es más urgente porque lo que reciben en principio no es suficiente para sobrevivir y necesitan las comisiones. Para que un miembro de tu equipo gane buen dinero, debes asumir la responsabilidad por él; esto quiere decir que a la larga si fuiste tú quien lo contrató o lo afilió, no puedes permitir que fracase. Si él fracasa, tú fracasas. Visto desde otro punto de vista, hay dos formas de asumir el liderazgo sobre un equipo de negocios: Como un ser independiente que debe producir el dinero para mantenerse en una empresa o como un recurso disponible con el cual lograrás los objetivos de la organización y tus propios objetivos, al tiempo que progresas, ganas más dinero y creces dentro y fuera de la institución.

Por lo regular, yo elijo la última forma. Para mí el vendedor o socio de negocios es un recurso, es un pistón en el motor y yo soy el motor. El motor mueve el carro, los pistones mueven el motor, pero no son el motor. No debes permitir que sea el vendedor el que establezca las reglas del juego. Eres tú como líder el responsable para que los miembros de tu equipo ganen dinero y eso se logrará con un esfuerzo en conjunto en donde tú guías y ellos caminan.

Recuerda que eres el espejo y si en tu espejo se refleja alguien que no gana lo suficiente, significa que como líder estás haciendo algo incorrecto.

En ocasiones, mi hija más pequeña se acuesta en mi cama y se queda dormida allí. Por alguna razón antropológica, la cama de los padres es más cómoda. Ella ya es grande, ahora tiene 12 años. Mi madre me dice que yo tenía un «mal dormir»; nunca lo supe, pero ahora al ver mi hija cómo duerme, lo cierto es que es imposible dormir a su lado y no recibir varias patadas, por lo que debo levantarla y llevarla a su cama. Cuando esto ocurre, tengo dos opciones: la cargo o la levanto para que ella camine; el inconveniente de levantarla es que aunque se pone de pie, continúa dormida. Por lo tanto, la conduzco a su habitación usando sus propios pies, pero sosteniéndola y guiándola para que no se caiga en el camino. Esto es más o menos lo que hace el líder de negocios exitoso, camina de la mano con cada miembro de su equipo, pero él es el guía. No los puede cargar, pero no puede dejarlos solos. Es una mezcla interesante entre permitir que el otro haga su trabajo, pero estar consciente de que eres tú el responsable del cumplimiento.

**B. *Servicio*.** Otro aspecto que tiene que ver con los ingresos es el servicio. El departamento de servicio lo encabeza el líder de negocios. Para que un vendedor tenga buenos ingresos, debe contar con un buen servicio de parte de su gerente. Imaginemos que las ventas son el campo de batalla: los vendedores son los soldados, el líder es el general, también podría ser el teniente o siente la libertad de establecer el rango que desees. Es importante que para que los soldados hagan un buen papel en el campo de batalla, el líder debe proveer lo que requieren para tales fines que son cuestiones básicas como: municiones, zapatos, agua, comida, comunicación con la base, etc. Quien debe manejar esas áreas de apoyo es el líder, al menos es su responsabilidad dar seguimiento para que el soldado no tenga que ir al almacén a buscar municiones. ¡Imagina a un soldado en medio de una batalla saliendo hacia el almacén a buscar municiones!

Considerando la comparación de los soldados en la guerra, la experiencia nos dice que el vendedor o representante de negocios no puede dar seguimiento a todos los aspectos inherentes a la venta y al mismo tiempo, ser un buen gestor de negocios. Es urgente que el líder esté pendiente de los aspectos internos, a fin de que los ingresos de este vendedor sean efectivos.

Por muchos años, he andado por el camino de las

telecomunicaciones, banca y seguros, entre otros negocios. Una de las quejas de los corredores de seguros e intermediarios es que aparecen líderes que ni si quieran se inmutan si ellos no han recibido su cheque, lo que hace que decidan ingresar los negocios a otras agencias. El servicio de un gerente es el pilar No.1 para que un agente o corredor desee trabajar con cualquier compañía de seguros. Lo mismo sucede en las telecomunicaciones o en la banca.

En el corretaje, generalmente, los agentes y vendedores se quedan donde se les trata bien, donde se atienden sus necesidades, si su gerente les ofrece seguridad, no importará mucho si la prima es baja o es alta. El vendedor y corredor busca hacer negocios con gerentes que les resuelvan sus problemas, sus reclamaciones y sus cotizaciones con la mayor rapidez y por supuesto, coadyuven para que les paguen sus comisiones. Todo esto engloba el servicio que reciben, porque si a ellos se les ofrece un mal servicio, sus clientes recibirán un efecto dominó con una tardanza en el mismo.

Como todos sabemos, hay cientos de trabas y procesos internos que impiden que una venta se haga efectiva a fin de mes. Sin importar cuánto haya generado ese vendedor, si el fruto de su esfuerzo no se hace efectivo, será imposible que cobre y si él o ella no recibe el beneficio de su trabajo, eso causará al vendedor una desilusión que conlleve el estrés de no poder cumplir con sus obligaciones financieras personales.

**Ventas e ingresos en el mercadeo en redes o multiniveles**

*«La libertad financiera está disponible para aquéllos que aprenden sobre ella y trabajan para ella».*
*Robert Kiyosaki*

Deseo tomar una parte de esta ley para tratar el tema de los ingresos en los negocios de mercadeo en redes o multiniveles, una de las tendencias de negocios que actualmente se realizan en el mundo con mucho éxito y que deja beneficios extraordinarios.

A los que realizan negocios de mercadeo en redes se les conoce como empresarios independientes porque son dueños de su propio negocio y tienen acceso a toda una línea de productos y servicios de manera directa, con descuentos que generan ganancias en ventas directas. Esto hace que todos los que ingresan a un negocio de multinivel sean líderes exitosos potenciales.

Esta forma de negocio se basa en crear una red de socios o afiliados y es un tipo de negocio legal en donde las ganancias se generan de acuerdo al esfuerzo realizado. No debe confundirse nunca con los negocios piramidales que sí son ilegales, en su mayoría. El multinivel es un negocio proporcional al esfuerzo, como lo es cualquier otro negocio saludable. La independencia e ingresos que crea hace que sea uno de los tipos de negocios de mayor crecimiento en la actualidad.

Debido a que se trata de creación de redes junto con ventas directas de productos, es lógico que aquéllos que llegan a niveles superiores se convierten en guías y líderes de los que ingresan por debajo de ellos. Aunque no son propiamente sus jefes, debido a la influencia que ejercen y gracias a su trabajo, se convierten en el norte y el ejemplo a seguir. Por tanto, si estás realizando un negocio como empresario independiente y estás formando una red, debes saber que de ese modo, te conviertes en un líder de negocios. Lo que debes procurar para que tu red aumente y crezca es en hacerlo de la manera correcta. Las herramientas de este libro son comunes a todos los tipos de negocios saludables en donde hay relación de personas y de productos; por tanto, todas son válidas para negocios tanto tradicionales como mercadeo en redes.

Ya he dicho que los negocios sin ventas no son negocios. Si un representante de negocios independiente no vende o no incentiva a quienes están bajo su supervisión, puede estar seguro que su negocio no producirá los resultados esperados. Para crear una red de negocios importante afiliando personas, todos deben poner su grano de arena, ya sea mucho o poco, pero algo hay que comercializar.

Ahora bien, ¿cuál es la diferencia entre un negocio de multinivel y un negocio de ventas tradicionales? Lo veremos a continuación:

**A. El crecimiento integrado.** Un líder de negocios de ventas tradicionales hará que los miembros de su equipo vendan grandes volúmenes, persiguiendo un objetivo grupal. Aun así, lo que produzca nunca será igual a lo que produce una red. Espero ser claro. Supongamos que diriges una fuerza de ventas de una compañía de teléfonos. Como líder, vas a procurar que cada vendedor cumpla su objetivo y que la suma de cada uno de ellos te permita cumplir el tuyo, pero es probable que tengas un salario fijo como líder de negocios bastante competitivo y si alguno de tus vendedores no cumple con su ingreso, puede que no te afecte en nada, pues generalmente, las sobre comisiones se miden en venta total, no en ventas individuales por cada vendedor.

En un negocio de mercadeo en redes, el crecimiento de tu grupo será provechoso para ti y para tus socios de forma integrada porque lo que produce un equipo nunca será igual a lo que produce una persona. Para el líder de negocios independiente, las ganancias se miden con respecto a la producción de cada miembro de tu equipo, es decir, de forma individual; por eso es la labor del líder encaminar a sus socios o distribuidores hacia la grandeza, en términos de ganancias.

**B. Autocrecimiento.** Es paradójico, pero el crecimiento integrado produce un autocrecimiento. Mientras en las ventas personales todo el crecimiento depende del líder en un aspecto, las redes crecen solas. En la medida que crezca el negocio, se necesitará menos de la intervención del líder en lo referente a producción. Honestamente, nadie ha logrado hacer fortuna trabajando para otros, pero en el caso del mercadeo en redes, el líder exitoso se convierte en su propio jefe por cuanto ha creado su propio negocio y por ende, recibe cuantiosas ganancias. En las ventas tradicionales, se crece de forma productiva, pero eso casi nunca te llevará a ser el dueño de la empresa, a menos que te la dejen como herencia y eso es muy poco probable si no eres un hijo o familiar directo de los propietarios.

*C. Ingresos combinados versus ingresos totalmente residuales.*
El ingreso que producen las redes de mercadeo se conoce como ingreso residual. Los vendedores de empresas tradicionales reciben un ingreso combinado entre ingreso lineal e ingreso residual. Es lineal por el salario fijo que se les otorga para gastos de combustible y mantenimiento, de donde se le descuentan los impuestos correspondientes y la parte residual proviene de las comisiones que generalmente no sobrepasan un porcentaje mayor al 15% dependiendo del sector.

El vendedor va recibiendo pagos a medida que sus clientes pagan lo contratado. Un vendedor tradicional debe salir a buscar a sus clientes y solo él puede generar su propia ganancia, nadie más. Aunque los vendedores tradicionales tienen un ingreso mucho más alto que cualquier otro empleado administrativo, el potencial de generar ingresos residuales extraordinariamente elevados es mucho más limitado que el de los multiniveles.

El asesor de mercadeo en redes o socio producirá ingresos completamente residuales. Si el líder provee un ambiente de apoyo entre los miembros del grupo y los productos son confiables y bien aceptados por los consumidores, el ingreso estará garantizado. En el mercadeo o ventas de multinivel, los socios o distribuidores captan clientes que se convierten a su vez en otros distribuidores o consumidores debajo de su red. Esto puede crear niveles de ingresos residuales a largo plazo con bonificaciones por gestión, ofreciendo oportunidades comerciales a través de la creación y capacitación de un equipo de socios que duplican el proceso de ventas llegando a generar una fortuna por ventas y creación de redes para él y no únicamente para otros.

Los ingresos residuales también se producen en los medios, negocios por internet, artistas y escritores que cobran sus regalías, etc. La ventaja de los ingresos residuales totales es que se cobran de por vida, aunque no se conozca de dónde proviene la ganancia.

**D. Plan de incentivos.** Regularmente, los planes de incentivos en las redes de mercadeo son un tanto más generosos. En las ventas convencionales, dependiendo del sector, existen bonos e incentivos que no siempre competirán con la comisión generada. Por ejemplo, algunos medios de prensa utilizan el incentivo trimestral para sus vendedores de publicidad, es decir, un porcentaje del total de las ventas de tres meses consecutivos que puede ser desde un 3 a un 5%. Los vendedores inmobiliarios, ferreteros o de productos masivos, por igual, tienen la posibilidad de que se les otorgue algún incentivo por cumplimiento de objetivos en determinado momento. En el campo de los seguros, existen las premiaciones. Es difícil que se genere un porcentaje extra como incentivo por las ventas, aunque los premios, dependiendo de la compañía, pueden ser atractivos tales como viajes, cruceros o premios en efectivo. Estos incentivos se darán exclusivamente al vendedor que los gane y al líder, dependiendo de las compensaciones negociadas en su ingreso a la empresa y serán diseñados por la compañía.

El plan de incentivos del mercadeo en redes posee bonos extraordinarios, dependiendo del nivel logrado y para que un líder de negocios independiente pase de un nivel a otro, es porque seguramente todos los que están bajo su línea han subido de nivel; por tanto, los incentivos alcanzan a todos. La capacitación también produce ganancias, al contrario de las ventas tradicionales en donde la capacitación es parte de la labor del líder de negocios sin generar un ingreso extra. Calificar en un negocio de multinivel durante 3, 6 o 12 meses puede generar incentivos muy jugosos, elevándolos a distintos niveles y mientras mayor sea el nivel alcanzado, mucho mayores serán los incentivos y bonos.

*E. Garantías.* Hay ciertas garantías que tienen los negocios tanto convencionales como independientes. Un horario de 8 horas diarias puede ser una garantía para algunos, pero para otros se puede convertir en una esclavitud. Lo mismo sucede con el seguro médico o el plan de pensión, algo que lamentablemente en muchos países no resulta ser tan beneficioso dado que las aportaciones no pueden rescatarse cuando se quiere y habría que ver si lo ahorrado será suficiente para vivir cuando llegue la jubilación.

En las ventas directas tradicionales, el lugar del líder y sus vendedores dependerá de los ejecutivos de la empresa y de sus decisiones. En las ventas y liderazgo de mercadeo en redes, el lugar dependerá de uno mismo, nunca dependerá de un jefe o de lo que tu propio superior decida. Esto definitivamente crea garantías a largo plazo. Hay compañías de multiniveles sólidas en el mercado que tienen suficiente tiempo de probada reputación y que brindan ganancias de por vida no solo a sus socios o distribuidores, sino también a sus herederos, una garantía que casi ninguna empresa tradicional ofrecerá.

*F. Libertades.* No se puede negar que quien es dueño de su propia empresa tiene más poder de decidir qué hacer y más libertad que quien es un empleado en la misma. Los negocios de mercadeo en redes producen un crecimiento exponencial; esto quiere decir que en la medida que la red crece, la necesidad del líder de hacer un trabajo directo será menor, así como el tiempo que deberá permanecer físicamente allí. Los dueños de empresas tradicionales también gozan de libertades tanto financieras como de tiempo libre, pero en la mayoría de los casos, es fundamental que estén pendientes de su negocio de forma física; de esa manera, evitan fugas, sabotajes y quiebras por falta de atención. Un empresario independiente tiene la ventaja de que puede estar en cualquier lugar del mundo generando riquezas, pues su negocio le acompaña donde quiera que esté. El líder de negocios exitoso de mercadeo en redes tiene la ventaja de que no teme a ser despedido y no requiere de la edad límite establecida a nivel gubernamental para su retiro.

**G. *Capacitación*.** Invertir en la capacitación de la fuerza de ventas es sumamente beneficioso. Más adelante, presentamos este punto con mayor amplitud. En las empresas tradicionales, la capacitación de los vendedores dependerá de muchos factores y cabe mencionar que desafortunadamente, no es algo que se hace con la constancia requerida.

De todos los sectores donde he dirigido grupos de ventas, el sector de seguros es donde he visto mayor capacitación, pero no hay suficiente material para impartir, sino que la mayoría de la capacitación viene de los mismos gerentes y directores de negocios. Esta capacitación, en su mayoría, es exclusiva al sector que les compete. Hay un alto porcentaje de empresas que aún no da la debida importancia a la educación continua, obviando las oportunidades que ofrece a sus empleados y a sus ejecutivos de ventas.

Si hay algo que debemos reconocer de las organizaciones que

promueven el mercadeo en redes o negocios de multinivel en su programa de capacitación y sus sistema educativo enriquecido. Estos sistemas permiten a las personas crecer en cualquier área, no solo de negocios, sino también de vida. El escritor francés Gustave Flaubert dijo que «la vida debe ser una continua educación». La capacitación consistente aporta mucho al camino hacia el éxito.

## Áreas de seguimiento para garantizar el ingreso

Veamos algunas áreas de seguimiento que son parte de la responsabilidad de un líder de negocios exitoso, a fin de garantizar el ingreso a su equipo:

**Seguimiento a las cotizaciones** - Si un vendedor ha solicitado una determinada cantidad de cotizaciones, es de esperar que éstas se conviertan en una realidad de ventas. Si no es así, al menos un porcentaje de ellas debería consolidarse. El líder debe verificar que las cotizaciones solicitadas se estén llevando a efecto, porque puede que tenga en el equipo a un vendedor que solicita muchas cotizaciones, pero no cierre ninguna de ellas.

Otro caso es cuando el vendedor está en la calle y no puede acceder al sistema de cotizaciones de la empresa. Lo correcto es que reciba lo que pide a tiempo. Un vendedor de seguros, por ejemplo, si está cerrando una póliza de salud o de riesgo, no puede esperar que su gerente tenga las ganas de enviar la cotización para cerrar su negocio. Hoy en día, gracias a Dios, existen los sistemas de cotización en línea que permiten cumplir esta parte; pero en conclusión, las cotizaciones son una parte que corresponde al líder, generalmente, dar el debido seguimiento.

Un líder de negocios independiente debe tener como prioridad que sus socios reciban todo el material necesario, sobre todo, los catálogos y tarifas para poder desarrollarse de manera eficaz.

**Seguimiento a los pedidos.** El líder debe asegurarse que cada pedido llegue al lugar indicado y que tenga todos los requisitos para que no sea devuelto, ya sea por un técnico de un departamento o por el mismo cliente.

Si eres un líder de un equipo de negocios independiente, debes verificar cómo andan los pedidos de los miembros de tu equipo. Da seguimiento, llama, ayúdales a organizar sus pedidos dando nuevas ideas y formas con las que puedan adquirir los productos. No pagues sus pedidos, por favor, solo guíalos.

**Seguimiento a la entrega.** Si los productos se solicitan, pero no se completa el proceso de entrega, entonces no habrá dinero para el vendedor o distribuidor porque en la mayoría de las industrias, las comisiones y las ganancias vienen después de que el cliente paga su factura y los clientes no suelen pagar, si no se les ha hecho entrega de su pedido. Trata de indagar si los productos llegaron a su destino final, pues eso dará consistencia y buenos frutos a largo plazo.

**Seguimiento al cobro.** Los vendedores y los agentes de negocios cobran según el ingreso por cobro de sus ventas. Muchas veces, el enfoque tan marcado de los vendedores en cumplir el objetivo de ventas hace que se olviden de cobrar, lo que puede causar un descenso en el ingreso del mes. Es importante que el líder tenga como otra prioridad el verificar la cartera de cobros de sus ejecutivos de negocios y sus vendedores.

Esto no significa que el líder deba hacer los cobros, pero sí es importante que hagas el seguimiento y que tengas comunicación con el departamento de cobros, a fin de que tu vendedor pueda recibir un buen cheque a fin de mes. Si hay un oficial de cobros asignado a tu agencia de ventas, comunícate para saber cómo andan los cobros de tus vendedores y agentes. Además, recuerda que recibes sobre comisión, por lo tanto, si ellos ganan menos, tú ganas menos. En el caso de los empresarios independientes, si sus socios no cobran, no ingresan los puntos y no se alcanza el nivel.

***Seguimiento a las devoluciones.*** Una de las causas por las cuales se pueden ver afectados los ingresos, son las devoluciones. Dependiendo de las políticas de ventas de la empresa, las devoluciones pueden representar un alto porcentaje en un momento dado. Primero que todo, el rol del líder de negocios exitoso es tratar de prorratear estos descuentos, a fin de que el impacto en el mes no sea tan significativo. Si no se puede, entonces debes hacer un plan de contingencia con el vendedor para que esté prevenido y sepa que tú estás muy pendiente de sus ingresos. Si el vendedor espera cobrar una suma por las ventas realizadas y cobra otra distinta — algo que pasa muy a menudo — su motivación se verá afectada y desde luego, va a impactar sus ventas, y si sus ventas quedan afectadas, asimismo ocurrirá con el líder.

***Seguimiento a todo aquello que pueda afectar las ganancias de su equipo.*** No es solo vender mucho, es importante que las ventas se hagan efectivas y que éstas se liquiden, a fin de que el vendedor vea el fruto de su trabajo. Hay un sinnúmero de factores que pueden afectar los ingresos de los vendedores o de los ejecutivos de negocios, tales como: un código que no se creó, una facturación errónea, entrega de un pedido a destiempo, una mala aplicación de un pago fuera de fecha de corte, un error del sistema en la empresa que afecta el reporte de ventas, etc.

A continuación, vamos a tomar el tema de la ley del cumplimiento. Como dijo Steve Jobs: «Mi trabajo no es ser complaciente con las personas. Mi trabajo es empujar a estos grandes trabajadores que tenemos y hacerlos aún mejores». De eso se trata, de hacer que cada uno de tus vendedores, intermediarios, ejecutivos, distribuidores, agentes de negocios independientes o cualquiera que sea la designación que tengan en el sector que diriges no vean a un padre que los lleva en los brazos, sino que el objetivo es guiarlos y hacer que ganen más. Recuerda que no se trata solo de ellos, sino también de ti. Si no logras que ellos ganen más, fracasarás. Cumple al pie de la letra la Ley del Ingreso, estimulando a tus vendedores para que vendan más cada día y prestando toda tu atención para que reciban sus comisiones en forma de cheques a tiempo. Por favor, no ignores esa parte importante.

## La ley del cumplimiento

A diferencia de cualquier otro jugador del equipo que tiene tiempo para demostrar si es bueno o no, el *pitcher* está obligado a mostrar su calidad desde el primer lanzamiento, pues su posición no ofrece muchas oportunidades de fallar, por lo que está obligado demostrar su capacidad en tanto cae al terreno del juego.

Esto es lo mismo que pasa con el líder de negocios; si no tira strike de inmediato, se percibe en el equipo completo. Cuando un gerente de negocios no vende, toda la empresa lo siente. Almacén, cobros, contabilidad, caja, compras, marketing, en fin, toda la organización sabe si se está vendiendo o no.

~

*«El precio del éxito es trabajo duro, dedicación al trabajo que estamos haciendo y la determinación para realizar ese trabajo; ya sea que ganemos o perdamos, hemos aplicado lo mejor de nosotros mismos a la tarea que tenemos entre manos».*

*Vince Lombardi*

~

A diferencia de otros departamentos en una empresa, la vigilancia de todos se centra en el área de ventas y de negocios. La falta de un producto en el almacén le compete al departamento de compras de manera directa. Para contabilidad, no es una crisis que no haya un producto. Si el departamento de contabilidad comete un error, difícilmente te das cuenta a menos que sea muy grave. En cambio, ventas tiene los ojos de la organización sobre ellos desde el primer día. Todo el mundo se pone nervioso cuando no están vendiendo porque no hay ingresos. Todos están alegres cuando los números mejoran porque esto supone avance, aumento de salarios, mejoría de la empresa, promociones para todo el personal. Esto nos convierte en el centro de la atención y la esperanza de cualquier organización.

El líder de negocios ha sido captado con el fin de cumplir con los objetivos en ventas. Lamentablemente, si no puede cumplir, su tiempo en la empresa o en la organización se va afectando cada día que pasa. Nadie quiere darle mucho tiempo a un líder que no cumple con sus objetivos. El cumplimiento de los objetivos debe ser el norte de todo líder de negocios. No debe haber nada más importante en la mente de un gerente, dentro de su trabajo, que el cumplimiento, a tiempo, de sus resultados y metas.

Benjamín Elijah Mays dijo: «La tragedia de la vida no reside en no alcanzar tu meta. La tragedia está en no tener metas que alcanzar». Me ha tocado asesorar empresas donde las personas no tienen objetivos claros y definidos. Cuando esto ocurre, el líder debe establecer un objetivo y coordinarse con el dueño de la compañía, a fin de que pueda dar evidencia de que su presencia ha producido un resultado. Recuerda que el rol primario de todo líder es producir un resultado.

Los líderes de negocios son los proveedores de la empresa. Sin su trabajo, nadie cobra y nada pasa. Por esa razón, no puede darse el lujo de fallar en el cumplimiento de los resultados.

La ley del cumplimiento busca hacer conciencia del rol primario que tiene el líder de negocios en toda empresa, como generador de los ingresos que hacen que dicha compañía pueda cumplir con sus obligaciones. He visto más personas salir por violar esta ley que por cualquier otra en las instituciones donde he tenido la oportunidad de asesorar. Yo le daría a la ley del cumplimiento también el nombre de la prueba ácida de un líder de negocios. Tres meses son suficientes para darnos cuenta si ese líder cumplirá o no, y debo decir que tres meses pasan bastante rápido.

No esperes que ese cumplimiento llegará todo al mismo tiempo, pues como dijo Helmut Schmidt: «Quién quiera alcanzar un propósito distante, tiene que dar pequeños pasos». Eso es lo que el líder debe demostrar, que está dando los pasos correctos para que el cumplimiento sea real. Cuando empezamos, no vamos a tener todo sobre la mesa, pero lo que produce el resultado es que tengas claro que cumples con tu rol primario.

∼

*«El mundo le abre paso al hombre que sabe a dónde se dirige».*

*R.W. Emerson*

∼

*Algunas técnicas para cumplir objetivos*

Lo primero que me gustaría que entiendas es que no hay otro responsable de cumplir con los objetivos que no sea el líder. Pase lo que pase, no importa de quién sea la culpa, la responsabilidad del cumplimiento de los objetivos siempre será del líder de negocios, aunque la culpa del incumplimiento sea de otra persona. Somos los líderes de negocios los que pagaremos los platos rotos. Veamos nuevamente el ejemplo del *pitcher* que al lanzar, el bateador batea por la tercera base y comete un error, entran dos carreras a home. La culpa es del «tercera base», pero la alta efectividad de carreras será responsabilidad del *pitcher*. Si el juego se pierde no lo van a anotar en la cuenta de puntos perdidos del «tercera base»; lo anotarán en la cuenta del *pitcher* y dirán que tiene 10 perdidos y 15 ganados. Lo peor es que no van a aclarar que el equipo perdió el juego por errores. Simplemente, dirán que perdió. En función de eso, debes llevar a cabo lo siguiente:

- **Llevar el cumplimiento como una filosofía de vida, no como una posibilidad.** Vincent Lombardi dijo: «Ganar no es todo, pero querer ganar sí lo es». De eso se trata, de no albergar en el interior la remota posibilidad de que cumplir es un asunto de otros y de que existen excusas para no cumplir. Un líder de ventas exitoso no fabrica excusas, crea posibilidades de éxito. Siempre habrá excusas para fallar, pero no son las que debe usar un líder de negocios. Cierra tu mente a toda posibilidad de excusas y obtendrás el cumplimiento. Alguien dijo: «El peligro de las excusas es que cada vez que las usas se van convirtiendo en una realidad en tu vida». Nunca seas de los que se excusan. Se cumple o no se cumple.

- **Tener en mente que debes tomar en cuenta todos los elementos del juego.** Nunca cumplirás, enfocándote solo en los números. Para cumplir, deberás tener en mente muchos elementos y la queja número uno de los gerentes de negocios es que son muchas cosas: reuniones, informes, salida con los vendedores, cobros, servicio al cliente, llamadas telefónicas, etc.

La verdad es que es mucho el estrés que se genera en un líder de negocios, sin embargo, ser excelente es el requisito para ser exitoso en esto. La excelencia es un llamado a tratar de cumplir adecuadamente con todas las tareas, sin perder de vista ningún elemento.

Vayamos de nuevo al ejemplo del *Pitcher*, el cual tiene las bases llenas con un solo out y con un bateador en el plato. Supongamos que sea David Ortiz, que además es zurdo. Imagínate la cantidad de cosas que debe tener en cuenta este jugador antes de lanzar una bola hacia el Home. Sin embargo, he visto a hombres como Pedro Martínez sacar el cero en casos como esos. Es enorme la presión, porque además tienen 10 mil fanáticos gritando si se comete un error. Algo similar sucede al líder de negocios, por eso debe cumplir con todo lo que tiene que enfrentar. No puede omitir un solo detalle y esa es la conciencia que te ayudará a convertirte en un líder de ventas exitoso: tener en cuenta que hay que cumplir con todos los detalles, hacerlo de forma excelente y no poner excusas.

∽

*«La eficiencia en ventas se demuestra en el cumplimiento de los objetivos con excelentísimos resultados».*

∽

- ***Impulsar a cada miembro de tu equipo a cumplir.*** Recuerda que tú como líder eres el resultado del trabajo de tu equipo. Puede que en ventas convencionales haya un jugador que no cumpla y de todas maneras se cumpla el objetivo global, pero la verdad es que si uno solo de tus jugadores no logra el objetivo, significa que tú no has logrado tu propio objetivo. Para cumplir con el objetivo de manera eficaz, cada jugador del equipo debe lograr su propio propósito, de lo contrario el fracaso te perseguirá como líder. John Maxwell dice: «La cadena es tan fuerte como su eslabón más débil». Perder de vista el cumplimiento de alguno de tus ejecutivos de negocios, es perder de vista tu propio cumplimiento. ¿Alguna vez has visto al *pitcher* hacer señales a algunos de sus jugadores en los jardines para que se muevan a la derecha o a la izquierda? Ellos están pendientes de todo el grupo. De igual manera, los entrenadores lo hacen. Ray Kroc decía: «Ninguno de nosotros es tan bueno como todos nosotros juntos».

Logra que cada uno de los integrantes de tu equipo cumpla y luego conecta el cumplimiento de cada uno de ellos con el cumplimiento colectivo y que ellos entiendan que todos son parte de un equipo. En un liderazgo exitoso, el cumplimiento no es un asunto individual es un tema colectivo. Hay un proverbio africano que lo dice de la siguiente forma: «Si quieres ir rápido, ve solo. Si quieres llegar lejos, ve acompañado».

- **Es imprescindible dedicar tiempo.** Nadie puede cumplir sus objetivos sin dedicar tiempo a su trabajo y a su equipo. Tener los ojos en el negocio, poder estar al pendiente de los resultados de cada uno de tus vendedores o agentes, estar atento a las peticiones de tu superior, hacer informes de calidad y cumplir con las metas deseadas no tiene otra traducción más que dedicación y la dedicación requiere de tiempo.

## El águila y el conejo

Cuenta la historia de una águila que estaba sentada en la copa de un árbol sin hacer absolutamente nada. Un pequeño conejo la observó y le preguntó:

—¿Puedo sentarme como tú y no hacer nada?

## Cinco leyes de oro para ser un líder de negocio exitoso

El águila respondió:

—Sí, claro. ¿Por qué no?

Por lo tanto, el conejo se sentó en la tierra bajo el águila y se puso a descansar. De repente apareció un zorro, saltó sobre el conejo y se lo comió.

Moraleja de la historia: «Para poder darte el lujo de sentarte y no hacer nada, debes estar sentado en lo alto».

Si quieres descansar en la labor de las ventas y de los negocios, debe subir a la cima de la organización; es la única forma de hacerlo. Allí tendrá tiempo para estar en la oficina o donde desees estar y pensar en estrategias. Mientras tanto, debes enfocarse en el día a día y observar todos los detalles que te permitan cumplir los objetivos.

Sin importar el negocio que tengas o lo que vendas, es absolutamente cierto que aquello a lo que le dediques el suficiente tiempo, producirá un resultado por encima del promedio. Eso no quiere decir que lograrás ser exitoso vendiendo algo que nadie quiere y que no es una tendencia, lo que sí puedo decir es que no importa lo que trates de introducir al mercado, si dedicas tiempo suficiente, los resultados estarán por encima del promedio. Quiero dar un ejemplo personal de esto.

Cuando empecé en mi segundo trabajo como vendedor, lo hice en una compañía que vendía mantequilla de maní casera. Digo casera porque para nada se parecía a la mantequilla de maní que se produce en Norteamérica. Aquella mantequilla estaba poco procesada, no tenía suficiente sal y su aspecto, más que cualquier otra cosa, parecía estiércol de niño. Siento mucho lo gráfico del ejemplo, pero así eran las cosas. El primer día acudimos a la entrevista 30 vendedores. El gerente, un señor extranjero, nos dio a probar el producto, pero la verdad es que aquello sabía a rayos. Los demás compañeros y yo hicimos el intento por mantener la calma, pero recuerdo que muchos no aguantaron el bocado y lo escupieron.

Al otro día todos debíamos estar allí, pero para mi sorpresa solo regresamos dos vendedores. Tomé mi caja de mantequilla de maní y salí a venderla como si fuera mermelada de fresa. Total, no tenía nada que perder y ningún otro lugar a donde ir. Además, pensaba que probablemente a algunos les pudiera gustar porque los gustos suelen ser complejos, así que me tomé mi nuevo trabajo muy en serio. Fue por esa razón que caminé más de 15 kilómetros hasta lograr mi primera venta.

Logré colocar mi primera caja de mantequilla de maní y de verdad que no lo podía creer. Esto me demostró de manera precoz que en ventas el tiempo siempre se hace evidente. La única razón por la que no se logran los objetivos de ventas de manera consistente es por el tiempo. Repito: Si se le dedica el debido tiempo a lo que concierne a ventas y negocios, produce un resultado por encima del promedio. Posiblemente, tengas que hacer ajustes con los objetivos, pero podrás demostrar que lo que no se logró nunca fue por falta de dedicación y esto lo sabe el que dirige negocios.

En ventas, no hay otra forma de demostrar eficiencia que no sea cumpliendo con los objetivos. Tú puedes ser el hombre mejor vestido, el del mejor vehículo, el de mejores relaciones en la organización, quien se lleve mejor con sus vendedores, todo lo que quieras, pero si diriges el equipo de negocios o ventas, tienes dos opciones: cumples con los resultados o buscas otro espacio que bien puede ser fuera de la institución.

No se es un líder de negocios por tener buenas relaciones con el dueño. Para eso están otros departamentos, a menos que por decisión del dueño, tú debas quedarte por razones no conocidas. Sin embargo, normalmente el área de negocios pone en evidencia de inmediato la capacidad o ineptitud y crea mucha presión en toda la compañía. Si eres uno de esos que está allí por relación y no por trabajo, eso se convertirá en el tema de conversación de la empresa. Eso te lo aseguro y nadie te tomará en serio. El área de negocios es el regalo de Dios para aquéllos que no tienen apellidos, buenas relaciones, títulos en grandes universidades, ni apariencia de estrella de cine para que puedan demostrar quiénes realmente son. Es el espacio donde lo que más vale es tu determinación hacia el éxito y no tu apellido o el título. El área de negocios te permite escalar en la vida por una vía distinta, la vía del trabajo.

Si cumples adecuadamente con los objetivos, será algo que te pertenecerá por completo y nadie podrá arrebatarte esa satisfacción. Por eso, como profesional, te aseguro que si hay un área donde las cosas se miden realmente por los resultados, esa es el área de negocios. Mi consejo es que no desperdicies la oportunidad. Esfuérzate por cumplir con todos los aspectos de tu trabajo y todos tendrán que respetarte. Tal como dijo el escritor y político francés Marie R. Louis Reybaud: «De todos los medios que conducen a la suerte, los más seguros son la perseverancia y el trabajo».

### La ley del equipo integrado

Ellos caminaban de día y noche, iban de casa en casa y en cada lugar siempre mostraban su integración, era un equipo perfecto. Solo doce y su unidad logró cambiar el mundo, sin armas, sin fama y sin internet. Aunque eran distintos en su carácter, lograron convertirse en uno con su Maestro—los doce apóstoles cambiaron el mundo. Jesús mantuvo su equipo integrado todo el tiempo. Hasta el último momento, sus discípulos estuvieron unidos, aun a pesar de que uno de ellos traicionó al grupo y por un momento se dispersaron, lo que el Maestro provocó en esas vidas hizo que se integraran nuevamente y comenzara la seria transformación y la expansión de su trabajo y su liderazgo.

~

*«Los individuos meten goles, pero los equipos ganan partidos».*

Zig Ziglar

~

Lo que sucedió con los discípulos de Jesús nos muestra la importancia de la integración de un equipo. Henry Ford dijo: «Llegar juntos es el principio, mantenerse juntos es el progreso, trabajar juntos es el éxito».

Para entender el poder de la integración, debemos entender las características de un vendedor o asesor de negocios. Recuerda que, por naturaleza, los vendedores suelen ser personas más emocionales que el común de los empleados. De hecho, las ventas están directamente relacionadas con las emociones. Por ello, los vendedores tienen una enorme necesidad de sentir que son apreciados, que se les cuida y se les apoya.

Es bueno recordar que los vendedores, a diferencia del resto de los empleados de una compañía, pasan una enorme cantidad de tiempo en un vehículo o caminando por distintos lugares sin ningún tipo de conversación que no sea la de su interés por la colocación de un producto o de una idea. Salen a la calle y se enfrentan con el mundo. ¡Imagínate! Un empleado cuando llega a su trabajo y pertenece a cualquier otra área de la empresa, sabe dónde se va a sentar todos los días, con quién va hablar, a qué hora es el tiempo del *break*, a qué hora llega y a qué hora sale, pero el ejecutivo de negocios o vendedor sale a la calle y su panorama es totalmente distinto porque debe enfrentar toda la carga emocional, el tránsito, los clientes insatisfechos, el mal servicio de la empresa si lo hay, el aburrimiento de la gente y la negativa de algunos prospectos. A veces, no tiene idea de lo que puede enfrentar en el camino o qué tipo de persona le tocará visitar. En fin, es el que más se expone para bien o para mal. La mayoría de los vendedores y asesores de negocios tienen cientos de historias que, si uno se sienta a escucharlas, verdaderamente admitiremos que son seres dignos de respeto y de admiración. Por eso es una tarea extraordinaria.

Esas y otras razones convierten en prioridad que el líder de negocios entienda el impacto que tiene la integración del equipo como un solo hombre. Esto es algo que lamentablemente no es el fuerte de muchos líderes, quienes quieren dirigir el equipo de forma automática, sin hacer inversión de tiempo en la unificación del mismo.

∼

«*Individualmente, somos una gota. Juntos somos un océano*».

Ryunosuke Satoro

∼

*Maneras para integrar el equipo*

**Conectar el equipo con sus emociones** – Haz lo posible para que las personas que están en tu equipo se conecten y se sientan felices de trabajar unidos. Busca la forma de que trabajar en tu equipo sea algo emocionalmente agradable. Las personas no quieren ser atendidas por vendedores que no se muestran felices y, de hecho, es cierto que los vendedores que están más felices venden más.

Me gusta ver algunos equipos compuestos por asesores independientes de mercadeo en redes. Me relaciono mucho con ellos por el hecho de que brindo asesorías a corporaciones de multiniveles. Los grupos de multinivel de renombre son dignos de admirar. Conozco uno en particular que se preocupa porque haya integración entre sus equipos; por esto los incentivos, los viajes, las reuniones en fines de semana, una película en la casa del líder, una cena con los que han llegado a niveles mayores, en fin, y aunque no son propiamente gerentes de ventas, son líderes de negocios y manejan ventas, por lo que tienen claro lo que es la importancia de la integración del equipo. Es verdad que no en todas las organizaciones sucede así, pero mucho menos en las empresas convencionales, por eso es de vital importancia que se elimine la rivalidad interna en el equipo para dar paso a la integración.

***No pases por alto las necesidades de tu equipo*** – No permitas que las necesidades de tu equipo se pasen por alto. Cuando alguien tiene una necesidad, sea por la muerte de un familiar, la enfermedad de un hijo o cualquier situación que la persona manifieste que está sufriendo, es necesario que el equipo se integre, hasta donde la ética le permita hacerlo. Nunca dejes pasar una oportunidad donde un miembro del equipo esté pasando una dificultad sin que tú te integres e integres a los demás, a fin de que la persona afectada sienta el calor e identificación de una segunda familia, de *su* equipo.

***Celebra los triunfos, celébralos todos*** – Nunca pierdas la oportunidad de celebrar los cumpleaños de tus vendedores o socios de negocios, haz un cumpleaños colectivo, pero da regalos individuales y de verdad te animo que hagas esos regalos. Aunque no lo creas, hay un área en la que las personas no hemos crecido mucho y es en el dar detalles a los demás. Es muy gratificante para un vendedor cuando siente que su jefe lo tiene presente y se tomó tiempo para buscar un buen regalo para él. Además, esto debe ser parte de tu etiqueta: distinguirte como una persona de finos detalles.

**Aparta un tiempo para salir con tu equipo a actividades que no estén relacionadas con el trabajo** – Creo que he sido reiterativo en este punto porque lo considero sumamente relevante. Todavía conservo como amigos a muchos de los que fueron mis vendedores y mis jefes. Creo que es algo sumamente importante y en las congregaciones en las que he sido pastor trato de hacer que los jóvenes, las damas, los caballeros y toda la iglesia, así como el equipo directivo se reúnan en actividades de integración solo para conocerse y ser más que una iglesia, convertirse en una familia.

Lo mismo debe suceder con tus relacionados en el negocio porque con ellos, además de tu familia, pasas la mayor parte del tiempo. Cuando las personas salen del lugar de trabajo y se reúnen para recrearse, para interactuar y comer juntos, eso es algo que crea una química en el equipo y da un nuevo aire y un nuevo sentido.

Recuerdo que organizaba giras con los miembros de los equipos que dirigía y con sus familias, de tal forma que ellos se sintieran como una verdadera familia. Allí conocía a las esposas, a los hijos, aprendía sus nombres, hasta las suegras venían muchas veces. Al conocer a la familia del vendedor, puedo entenderlo mejor. Preocuparme por su familia es un acto que me conecta con él en otra dirección y puedo ayudarlo más a crecer en todo el sentido de la palabra.

«¿Te has preguntado si las personas que están a tu alrededor después de conocerte son mejores seres humanos? ¿Le has sumado o restado?»

Dío Astacio, *Éxito Integral*

**Realiza actividades comunitarias** – En varias ocasiones, llevé a mis equipos de negocios a reforestar o a visitar un hogar de ancianos, no porque sea pastor, sino porque esto despierta la sensibilidad de los vendedores y los lleva a pensar en otra dirección. Hace que se sientan útiles, humanos, heroicos y al mismo tiempo, eso los integra. Cuando logramos que surja esa sensibilidad en el grupo y conseguimos crear un ambiente de familia, siempre y cuando se respeten los límites de cada cual, la productividad se desborda. Andrew Carnegie decía: «El trabajo en equipo es la habilidad para trabajar juntos hacia una visión común. La habilidad de dirigir logros individuales hacia objetivos organizacionales es el combustible que permite a la gente común conseguir resultados poco comunes». Yo diría que tu liderazgo se pone a prueba cuando logras que tus equipos puedan manejarse como un solo hombre.

**Cultiva la habilidad de integración hacia una dirección** – Cultivar de esta forma la integración es un logro que toda empresa reconoce. Si hay algo que trae tranquilidad a los líderes de una empresa es saber que su organización camina en armonía, que su equipo de negocios está trabajando unido y en una misma dirección.

No todos tenemos las herramientas para integrar a las personas.

## Cinco leyes de oro para ser un líder de negocio exitoso

Es muy común que algunos líderes de negocios no puedan integrar a los miembros de sus equipos. Mucho de ello tiene que ver con nuestra propia formación y temperamento. El temperamento de entrenador entusiasta no es lo mismo que el de un director silencioso o el de un bufón parlanchín. Cada uno tiene su manera de ver la vida y de tratar a los demás. Sin embargo, debo decirte que querer o no hacer algo se trata de la urgencia que tenemos de cultivar esta competencia. Mi consejo, en este sentido, es que leas todo lo que puedas sobre el tema y hagas el mayor esfuerzo para aprender a integrar a las personas hacia una dirección.

Puedes obtener buenos resultados aun sin esta herramienta, pero la diferencia está en que no lo vas a disfrutar igual y tu gente no tendrá la satisfacción de trabajar en un equipo de campeones. Me gusta esta frase anónima: «Trabajar en equipo divide el trabajo y multiplica los resultados». No sé con exactitud a quien darle el crédito por esta frase, pero definitivamente resume todo lo que he dicho anteriormente. No hay forma de trabajar en un equipo si no lo integras, pues tener un equipo es muy distinto a tener un grupo de personas. Veámoslo de esta forma: mientras a un contador le pagan para que organice los números de la empresa, a un gerente de negocios le pagan para que organice equipos de trabajo que logren cumplir los objetivos. El contador tiene competencia con los números, el líder de negocios tiene competencia con las personas.

∽

*«El trabajo de un líder no es producir seguidores, es producir más líderes».*

Ralph Nader

∽

Luego de que tu equipo esté integrado, mantenlo en la misma dirección. Al mantener un equipo que trabaja integrado, te pagarán muy bien y esta competencia es muy escasa en los seres humanos, así que más que a cualquier otra función, da importancia a poder integrar a las personas a tu alrededor por tu propio bienestar y el de la empresa a la que perteneces, pues es lo menos replicable de ti, todo lo demás puede ser sustituido con facilidad, pero la capacidad para mantener a la gente motivada e integrada es algo muy difícil de igualar. Deseo presentarte, en esta parte, una historia que tomé del blog de un extraordinario motivador, Alejandro Fariña, la cual nos muestra la importancia del trabajo en equipo. Espero que igual que a mí pueda ayudarle. Bendigo a Alejandro por esto, por dejarnos ver en su página detalles tan hermosos.

### Los erizos y las heridas

Durante la edad de hielo, los animales empezaron a morir. Los erizos, al darse cuenta de la situación, decidieron unirse en grupos y trabajar en equipo. De esa manera se abrigarían y protegerían entre sí, pero las espinas de cada uno herían a los compañeros más cercanos, los que justo ofrecían más calor. Por lo tanto, decidieron alejarse unos de otros dejando de lado el trabajar en equipo y empezaron a morir congelados. Así que tuvieron que hacer una elección o aceptaban las espinas de sus compañeros o desaparecían de la tierra. Con sabiduría, decidieron volver a estar juntos buscando trabajar en equipo. De esa forma, aprendieron a convivir con las pequeñas heridas que la relación con una persona muy cercana puede ocasionar, ya que lo más importante es el calor del otro. De esa forma, pudieron sobrevivir.[3]

En nuestra labor de dirigir equipos, nos vamos a encontrar con este tipo de situación muy a menudo, pero ese es el desafío que

---

3   www.alejandrofarina.com/fabulas y cuentos de liderazgo.

tiene el líder, poder unir a las personas a pesar de sus diferencias hasta lograr unir el equipo de trabajo como un solo hombre y enfocarlo en un objetivo común. Una de las frases que más me ha marcado en el liderazgo es la de Napoleón Hill: «El líder exitoso debe entender y aplicar el principio del esfuerzo cooperativo y ser capaz de inducir a sus seguidores a hacer lo mismo. El liderazgo exige poder y el poder exige cooperación».

En todo mi tiempo trabajando en negocios, creo que el cumplimiento de la Ley del Equipo Integrado ha sido una herramienta que me ha llevado a ganar muchos concursos de ventas; pero, sobre todo, a producir en los vendedores un sentido de inspiración que les permita desarrollarse, más que como vendedores, en otros líderes de negocios.

Cuando el vendedor crece en un ambiente como ese, su formación es diferente y sus resultados también. Recuerda que más que tener vendedores, nuestro trabajo consiste en formar líderes para el futuro. Como dijo Ralph Nader: «Comienzo con la premisa de que el trabajo de un líder no es producir seguidores, es producir más líderes». Te animo a seguir adelante en el proceso de integración de tu equipo, te garantizo que tus resultados serán completamente distintos de ahora en adelante y para bien.

*Líder de negocio exitoso*

«Nada es tan fatal para el progreso de la mente humana como suponer que nuestros puntos de vista sobre la ciencia son lo último, que no hay misterios en la naturaleza, que nuestros triunfos son completos y que no hay nuevos mundos que conquistar».

*Humphry Davy*

# Capítulo Cuatro

## Tareas básicas de un líder de negocio exitoso

### Reclutamiento, selección y retención

Para formar un equipo exitoso, hay que tener jugadores exitosos. En nuestro país hay una fecha muy importante para los nuevos jugadores del baseball: julio 2. En este día, los mejores prospectos del país con 16 años y seis meses se reúnen para mostrar sus habilidades ante los *scouts* quienes afinan el lápiz y la chequera para dar hasta cinco millones de dólares a uno de estos jovencitos como bono por firmar un contrato de entrenamiento. Un joven sin ir a la universidad, sin otra cosa que talento, puede recibir incluso más de esta suma.

En el momento en que escribo esta parte, he visto cómo un novato de los Yankees de New York de nombre Gary Sánchez es declarado Jugador de la Semana por dos semanas consecutivas, bateando sobre los 500, justo en el momento en que los mulos del Bronx despiden a su estrella Alex Rodríguez. Todo esto se conecta con una palabra: reclutamiento.

Los equipos de grandes ligas no cesan en su búsqueda de nuevos integrantes para su equipo porque saben que un día los van a necesitar. El proceso de reclutamiento es algo que nunca se detiene. Esta acción mantiene viva las organizaciones. Si los Yankees no hubiesen reclutado a Gary Sánchez hace cinco años, justo cuando Alex Rodríguez estaba en su pleno apogeo, hoy no tendrían cómo sustituirlo y estarían a merced de un jugador que ha perdido sus condiciones óptimas, lo cual pone al equipo en aprietos. Esto nos enseña que el reclutamiento no es algo que debe hacerse por crisis, sino que debe hacerse de manera constante y sistemática.

Para mí el reclutamiento es la búsqueda constante del mejor candidato para optimizar nuestro equipo de negocios. Observa que la definición dice «búsqueda constante». Esto quiere decir que no es algo que hacemos una vez al mes o cuando debemos separar a alguien del equipo, es algo que hacemos constantemente. Esto tiene que ver con la claridad de la visión del líder de negocios, quien está enfocado en construir el mejor equipo de su industria, por eso su sistema de reclutamiento nunca se detiene. El líder de negocios trabaja como una organización de grandes ligas y sus ojos siempre están atentos a los talentos con los que se conecta en la calle.

Hay varios tipos de organizaciones de negocios. Por ejemplo, están aquellas en donde la rotación de una fuerza de ventas es muy escasa cambiando los vendedores muy ocasionalmente, pero más que vendedores, yo los llamo «ejecutivos de seguimiento a una cartera de clientes». Esto se puede dar en empresas que venden grandes proyectos y que poseen un vendedor para una determinada región o el país completo. En esos casos, la aplicación del concepto de «grandes ligas» no se adapta. Sin embargo, hay otras organizaciones, que suelen ser la mayoría, cuyas fuerzas de ventas son inmensas y tienen una alta rotación. Para este tipo de empresas u organizaciones, la ilustración les va como anillo al dedo. También a los negocios de mercadeo en redes les ajusta perfectamente debido a que su fuerte es, precisamente, auspiciar personas.

Los vendedores, así como los peloteros, se desgastan con el tiempo y pierden su enfoque. A otros los reclutan otras instituciones que les pagan más dinero, otros se van de viaje, se enferman, se disgustan. En fin, hay cientos de razones por las cuales nuestra fuerza de negocios puede verse mermada. Si el líder pierde de vista el reclutamiento, le podría sorprender la salida de uno de sus mejores jugadores y bajaría su producción. Normalmente, la renuncia de un vendedor no suele avisar como uno quisiera, como tampoco avisa cuando hay que prescindir de alguno. Esto es algo que ocurre de la noche a la mañana, lo que pone los objetivos en riesgo. Imagínate que de un momento a otro tu mejor asesor de negocios o vendedor te dice que no seguirá en tu equipo o en la empresa. Tú intentas retenerlo, pero él dice que no, que se retira el mes siguiente. Solo cuentas con un mes para buscar un nuevo vendedor, entrenarlo, ponerlo en el campo y que tome el ritmo. Esto no resulta nada fácil porque hay una curva de aprendizaje que no se puede violar, sin importar qué tan bueno sea el recurso que se consiga.

∼

> «*Una gran visión, sin grandes personas es irrelevante*».
>
> Jim Collins

∼

Ponerse al día en una empresa siempre tomará algo de tiempo y elevar la productividad al punto de lo que representaba un vendedor de experiencia mucho más. En el caso de un líder de negocios independiente, el asunto es muy crítico, pues si no recluta, difícilmente podrá ver su productividad en el nivel deseado para lograr calificaciones. Es por ello, que si un líder de negocios pierde de vista la disciplina de reclutar, va a pagar las consecuencias de no tener el equipo que desea y de siempre estar en aprietos, pues los vendedores nunca paran de rotar. Si un gerente de negocios se convierte en un buen reclutador o auspiciador, tendrá todas las posibilidades de mantener el mejor equipo. Esta es una tarea que nos diferencia de las máquinas y es por eso que el trabajo de un líder de negocios exitoso, por más que se quiera automatizar, resulta casi imposible, porque el reclutamiento de nuevos prospectos no es algo que se pueda delegar en una máquina.

A continuación, vamos a ver algunas prácticas que a mí personalmente me han funcionado para construir un equipo de alto rendimiento, por medio del reclutamiento.

**Cinco técnicas para reclutar el mejor equipo de negocios**

*A. Nunca dejes de reclutar.* Haz del reclutamiento un hábito en tu vida gerencial. Donde quiera que vayas, mantén los ojos abiertos para conseguir el mejor prospecto, porque están por todas partes y solo los que salen a buscar los encuentran.

Hace aproximadamente un par de meses atrás, contando a partir del momento en que escribo esta parte del libro, se encontraba muy de moda la aplicación Pokémon Go y todavía muchos lo siguen jugando con entusiasmo. Es insólito cómo las personas andan con sus celulares como locos buscando los pokémones que están escondidos en algún lugar. Pienso que los líderes de negocios deben convertirse en poke-buscadores de recursos humanos para su equipo. Donde quiera que haya una persona con las condiciones para formar parte de tu equipo, atrápala.

En los tiempos en que dirigí fuerzas de ventas, capté a mis mejores vendedores en situaciones casuales: un restaurante, un juego de pelota, una clase, un evento de recreación con mis hijas, donde quiera que percibía gente buena que podría necesitar. Deseo añadir que donde quiera hay gente buena a la que tú, como líder, puedes cambiarle la vida. Se da el caso de líderes de negocios que acostumbran buscar ciertos perfiles para sus equipos, es decir, de cierta clase o nivel, pensando que le aportarán mucho más, pero eso no siempre funciona.

Recuerdo el caso de un joven con cierto apellido en una empresa para la que trabajé. Desafortunadamente, el chico no cumplía con los objetivos. El director de esa área donde había sido contratado pretendía llenar su fuerza de ventas con jóvenes de clase media, media alta debido a las supuestas relaciones que podían tener esos vendedores, pero lo cierto es que eso no le dio resultado para nada. Si profundizas en tratar a las personas, en conversar con ellas, en conocerlas un poco más, amén de que muchos llegarán de manera directa a la empresa, puedes conseguir gente valiosa que hará de tu equipo un gran *Team* y créeme, eso no tiene que ver con la clase social.

Hay gente buena que necesita que le cambies la vida y de eso se trata ser líder, de cambiar la vida de las personas con las que tienes contacto. Recuerda que allá fuera hay personas maravillosas remendando redes en sus trabajos, muchos son camareros, otros son peluqueros, otras son bartenders, trabajadoras de la limpieza y, por qué no, hijos de empresarios, pero el punto es que hay miles de personas que quieren cambiar su estatus o estilo de vida, que tienen las condiciones para eso, pero están en el lugar equivocado esperando que un líder de negocios exitoso venga y los saque de detrás del mostrador para hacerlos esos pescadores de hombres y llevarlos a la trascendencia.

El líder de negocios exitoso saca a las personas del anonimato y las lleva a la cima. Lo extrae de un mundo sin futuro y los convierte en hombres y mujeres exitosos que van hacia niveles superiores para que cumplan sus sueños. Tú tienes ese poder y esa autoridad para hacer que la gente triunfe y hay cientos que solo están esperando su chispa para encenderse y convertirse en pescadores, líderes de la escena del negocio.

*«He descubierto que no existe una satisfacción más grande que ayudar a los demás a descubrir de lo que son capaces».*

**Dío Astacio**

~

Cuando mi esposa laboraba en el Departamento de Ventas del periódico *El Nacional*, recuerdo a un muchacho que se desenvolvía como cobrador en una moto. A mediodía, solía ir a buscar a Evelyn para almorzar juntos. Ella estaba embarazada de nuestra primera hija, Melody. Ese muchacho llegaba apresurado en su tiempo libre para preguntar asuntos relacionados a las ventas de publicidad. Yo lo observaba bastante inquieto. Su vocación e interés me daban a entender que ahí había un vendedor estrella. Gracias a Dios que el gerente comercial tuvo la misma visión que yo y tiempo más tarde, lo encontré en el departamento de ventas de publicidad del periódico, como un tremendo vendedor, llegando a ganar varios premios de ventas. Hace ya 25 años que eso aconteció, pero espero que continúe en el camino del éxito y que se haya convertido en un gran líder de negocios.

Te cuento otra historia. En los años en los que estuve al frente del área de negocios de una de las empresas de telecomunicaciones más reconocidas de mi país, tuve un asistente extraordinario. Era una de las personas más fieles y dispuestas que conocí, un hombre leal, muy disciplinado y honesto. Entendí que tenía cualidades para ser un hombre de negocios y también pude visualizar que su crecimiento en la compañía sería muy lento y riesgoso por los cambios que estábamos experimentando en ese momento. Lo llamé y lo cité a mi oficina. Le dije: «Rafael, quiero comentarte lo que yo veo en ti. Veo una persona con una oportunidad enorme para los negocios y quiero que montes tu tienda de celulares lo más rápido posible». Recuerdo que él mismo se sorprendió, no lo creía. Me tomó dos meses convencerlo y tuve que convertirme en inversionista en su negocio, ponerle el nombre y ayudarlo a ubicar el lugar donde montaría la tienda. En efecto, luego de muchas conversaciones y ajustes se lanzó. Renunció al trabajo y empezamos la tienda «La Casa del Celular» la que se convirtió luego en «La Casa del Móvil». Con el tiempo me devolvió la inversión en el negocio y continuó creciendo. Lo que yo intentaba era que arrancara y gracias a Dios así fue. En la actualidad, Rafael Díaz tiene unas diez tiendas de celulares en todo el país y es un hombre próspero. Es uno de mis amigos más leales.

Siempre hay pescadores de hombres remendando redes que deberás desafiar. Ese es el trabajo de un líder de negocios apasionado—reclutar todos los días y en todos los lugares.

**B. Recluta gente que está trabajando.** Cuando Jesús era llevado al calvario, lo pusieron a cargar su propia cruz, pero en un momento del camino, Jesús cayó con el madero a cuestas y hubo que requerir que alguien le ayudara. Venía pasando un cirineo que regresaba del campo, sudado, con sus utensilios de trabajo y marcado por el esfuerzo. El soldado romano llamó al cirineo y le dijo: «¡Hey, tú, ayúdalo!». Jesús estaba rodeado de todo tipo de personas, gente de todos los niveles, con oficio y sin oficio. Sin embargo, al soldado no le pareció adecuado ninguno de ellos, por lo que seleccionó al cirineo.

Para mí las personas que están trabajando son especies de cirineos. ¿Sabes algo? La cruz de Jesús produce resultados extraordinarios en la vida de las personas, ella es una fuente de transformación y de cambio y aunque es incomparable el resultado de Dios en la vida de una persona con algo terrenal, al pensar en esa transformación, pienso en toda la gente que está en un tipo de quehacer para sobrevivir y que pudiera ser llamado para cargar algo que sí le produzca buenos resultados.

∼

*«Dame un empleado del montón, pero con una meta y yo te daré un hombre que haga historia».*

*J.C. Penney*

∼

Buscar personas que tenían su trabajo me produjo un gran resultado. Casi nunca busqué al que no estaba haciendo «nada». En la mayoría de los casos, recluté al que estaba haciendo «algo» y que lo estaba haciendo con amor.

No temas sacar a alguien de su trabajo y llevarlo a ser un hombre o una mujer de éxito. Si esperas que las personas estén desocupadas para convertirlas en tus aliados de negocio o quieres traerlos de otras empresas, correrás siempre dos riesgos latentes: En primer lugar, traer un vendedor de otra compañía supone que debe garantizarle un ingreso superior al que posee a través de los incentivos. Además, no todo lo que brilla es oro. A veces, aparecen vendedores que dicen tener muy buenos resultados y por alguna razón, esos mismos resultados no pueden lograrlos en la nueva compañía, lo cual representa un problema para el líder porque ha traído gente que no le representa a la empresa ninguna ganancia, sino pérdidas y es una persona que probablemente no puedas despedir con facilidad.

El líder no puede darse el lujo de tener una persona que tiene un salario enorme, sin producir los resultados esperados. Eso es un tremendo lío y para hacer eso, debe tener toda la seguridad de lo que está haciendo. Por otro lado, si el líder de negocios recluta una persona que no está haciendo absolutamente nada e intenta convertirlo en un vendedor, allí tenemos otro problema porque las personas que están sin hacer nada, pueden ser las que menos se comprometen, y no me refiero a personas que por alguna razón hayan perdido su trabajo, me refiero a aquéllos que llevan mucho tiempo sin trabajar y que literalmente, no tienen nada que mostrar. Es un error apostar a este tipo de personas.

~

**«La tecnología reinventará los negocios, pero las relaciones humanas seguirán siendo la clave del éxito».**

Stephen Covey

~

Esta última reflexión seguramente nos lleva a la pregunta:

¿cuáles son las personas más adecuadas para reclutar? Yo te contesto lo siguiente: Las que tienen talento, las que tienen el deseo y el hambre de crecer en la vida. Estas personas están por ahí, en el mostrador de una tienda de perfumes, en la caja de un supermercado, tras el volante de un taxi. Están como los Pokémones por todas partes. Si abres los ojos, te vas a encontrar con muchas de ellas que están en sus puestos de trabajo y que están felices con lo que hacen. Si los observas detenidamente y descubres algo especial y te preguntas ¿qué hace este joven aquí? Y piensas: «Yo con alguien así, lo pondría a ganar cincuenta veces más de lo que gana aquí en un solo año». Por lo tanto, atrévete a dar el paso, sácalo de ahí y conviértelo en un pescador de éxitos.

**C. Recibe referidos de los buenos vendedores.** Una de las claves para encontrar buenos vendedores es asignar la tarea a otros vendedores para que recluten nuevos agentes para ti. Ten en cuenta que los buenos vendedores refieren buenos vendedores y que los malos vendedores refieren gente como ellos, así que ten cuidado. El recibir vendedores referidos es una verdad que pude comprobar una y otra vez. Si deseas buenos vendedores o buenos socios, compromete a los mejores jugadores del equipo para que le ayuden a captar a nuevas personas.

**D. Debes tener un banco de candidatos.** Hay procesos que puedes agotar a fin de tener prospectos que te sirvan ante una emergencia. En mi caso, solía reclutar personas, tener entrevistas y agotar un proceso a fin de tener un banco de candidatos al que pudiera llamar en el momento en que los necesitara. Lo que hacen las grandes ligas es que entrevistan a cientos de peloteros cuatro años antes de estar listos, los ponen en un campo de entrenamiento y cuando llega el momento, siempre tienen a alguien a quien subir, el cual ha pasado ya por un largo proceso y nunca es producto de la casualidad o la desesperación.

**E. Haz un reclutamiento de profundidad.** Después de que tengas el candidato adecuado, hay dos maneras de reclutarlo: superficialmente, (solo viendo lo inmediato) o con profundidad. Para mí la profundidad implica tener la actitud de acudir, si es necesario, a la casa de aquella persona que se recluta.

Recuerdo de hace más de 30 años a una persona que visitó la casa de mi amigo Rubén Vélez; era una gerente de ventas de la compañía Universal de seguros. Esa persona había reclutado al hermano de mi amigo, Napoleón Vélez, como vendedor de seguros. Es bueno advertir que los vendedores de seguros no ganan salarios; no se les reconoce como empleados de la compañía, sino como representantes y son personas que no tienen el mismo proceso de entrada a la empresa que un empleado convencional.

Lo que me impactó es el detalle que tuvo esa gerente de visitar la casa de mis amigos, un lugar desconocido y conocer el entorno de su nuevo vendedor. Esto tiene dos efectos muy positivos: En primer lugar, se conoce el entorno de la persona que ingresamos a nuestro equipo, su necesidad, su estilo de vida y su familia, lo que le dará al gerente una mejor perspectiva de la vida de esa persona, lo cual podrá usar más adelante en su fase de motivación.

En segundo lugar, la persona se siente distinguida y comprometida. Los reclutadores de deportistas van a sus casas y conversan con los padres de los deportistas. Diríamos que reclutan a la familia completa y no solo al jugador; esto hace que el reclutamiento sea de profundidad. En el caso de mi amigo Napoleón Vélez, puedo decir que el hombre permaneció más de 25 años en la carrera de seguros y todavía conserva su empresa de corretaje, la cual dirige su hijo con mucho éxito. Cuando se hace un reclutamiento de profundidad, podemos tener jugadores en el equipo para toda la vida.

## ¿Qué pasa después de que conseguimos la persona adecuada?

Luego de que se tienen a las personas adecuadas, es deber del líder de negocios cumplir con algunos procedimientos para conquistarlas y retenerlas. Tener a la persona adecuada no es todo, se necesita de técnicas que le permitan cerrar esa contratación con éxito. De esas técnicas, puedo mencionar las siguientes:

**A. *La entrevista con el nuevo prospecto.*** Es importante que esta entrevista sea organizada y profesional. Al manejar cientos de gerentes de ventas, pude comprobar que la organización no es la mayor capacidad del gerente de negocios. Muchas veces, no hay tiempo para entrevistar a los prospectos profesionalmente y, sobre todo, este tiempo no se establece como una prioridad. Mi consejo personal es que elijas un día de la semana para entrevistar nuevos vendedores. Recuerda que tú debes inspirar a las personas a trabajar contigo; por lo tanto, quien no sabe hacer una entrevista, no logra tener buenos representantes porque los buenos socios o vendedores quieren trabajar con triunfadores y eso se nota en las primeras entrevistas. NO importa si tu prospecto es para multinivel, seguros o lo que tú quieras; él o ella debe sentir que tú eres una persona con quien vale la pena trabajar y que su vida va a cambiar a partir de estar a tu lado. Por eso, en tu entrevista haz lo siguiente:

- Elige bien el lugar de la entrevista, trata de que tu oficina esté lista para recibirlo. Si tu oficina no es adecuada, pide prestado un espacio que te permita dar tu mejor imagen posible y de la institución. Como consejo, te puedo decir que no hagas entrevistas en lugares públicos o abiertos. Una cosa es el reclutamiento, pero otra muy diferente es la entrevista final de selección donde el vendedor pueda entender que tú lo estás entrevistando como se entrevista al vicepresidente de la empresa. Por ello, el lugar donde se hace la entrevista es muy significativo para las personas.

- Antes de la entrevista, estudia bien el currículo de la persona. De esta forma, podrás hacer preguntas directas y sabrás mucho más acerca de él o ella para poder ir a los aspectos que más le preocupan.

- No entrevistes empíricamente, solo tomando en cuenta los aspectos emocionales de la entrevista. Cambia el patrón en relación a que lo más importante sean los gestos, pues lo que expresas visualmente es tan importante como lo que dices.

- Toma en serio la entrevista y ten preguntas elaboradas de antemano que te lleven a un lugar y que le dejen ver las cosas que necesitas saber. Ten notas de las preguntas.

- Mantén un sistema de evaluación estándar para cada respuesta. Puedes obtener este sistema del Departamento de Recursos Humanos o en su defecto, puedes prepararlo con el apoyo de alguien competente en la materia. El asunto es hacer preguntas que sumen puntos al final de cada respuesta. De esta forma, puedes cuantificar los resultados. Ve dando un puntaje a los aspectos que consideres de mayor relevancia, como por ejemplo: del 1 al 5. Esto te ayudará a cometer menos errores y cuando la persona entrevistada se haya ido, podrás evaluar las capacidades, no las emociones.

- Elabora un expediente de las personas que reclutas y guárdalo en tu archivo personal de reclutamiento, de tal forma que cuando quieras volver a revisarlo, lo tengas disponible. En ocasiones, no se recluta un vendedor en un tiempo, pero las cosas cambian todo el tiempo y en algún momento, podrías necesitarlo. Si se trata de un negocio independiente, de igual forma, puede que no acepte ese día, pero en otro momento sí y no es bueno dar a entender que no recordamos nada de lo que ya se ha hablado con anterioridad.

**B. La contratación.** Luego de que ha llevado a cabo el proceso de reclutamiento, se inicia el proceso de contratación. Contratar a alguien no quiere decir que tú le pagarás un salario; contratar es tomar la decisión de que esa persona pertenezca a tu equipo, ya sea asalariado o no, pero esa persona se convertirá en una parte importante de tu labor, por lo que también es fundamental que lo valores y que hagas a él o ella valorar esa oportunidad.

~

*«Al contratar a un vendedor, haz que sienta que ese día ha comenzado su aventura hacia el éxito».*

~

Cuando decides que cierta persona va a ser miembro de tu equipo, debes hacer un espacio para comunicarlo y este es un tiempo especial que se hace una sola vez con cada vendedor. Es como el nacimiento de una persona, por lo que debes hacer los preparativos que te permitan mostrar al nuevo miembro que es bienvenido tanto en la empresa como en el equipo.

Recuerda que este es un tiempo especial para depositar sueños en la vida de las personas, hacer acuerdos y firmar contratos. Muchas veces, no hay contratos en las compañías para firmar, pero te sugiero que elabores una página donde describas las cosas que esperas de tus socios de negocios y hagas un paquete de bienvenida que debe ser independiente del que la compañía otorga.

En la contratación, busca la compañía de otras personas, ya sea tu superior, una persona de recursos humanos o de un miembro del personal administrativo para que la persona contratada sienta el peso de la decisión. Para este caso en particular, me refiero a empresas donde estos procesos los maneja directamente el gerente o líder de negocios. Si en tu organización hay un departamento para esos fines, entonces ellos se encargarán de todo, lo que brinda un respiro al gerente. Sin embargo, pienso que el gerente siempre debe estar involucrado; puesto que, a fin de cuentas, se trata de un miembro de su equipo, él lo manejará y será el responsable directo. Es quien va a guiar a esa persona al éxito, quien le ayudará a cambiar su vida, por lo que no se debe dar el lujo de que sea un proceso frío y desconectado. El líder de negocios exitoso hace de este tiempo algo emocionante tanto para él como para la persona contratada. Si es posible, pide al área de Recursos Humanos que te permita participar en la entrevista o selección.

Si se trata de un gerente de multinivel, habrá infinitas formas y oportunidades para dar la bienvenida a un nuevo integrante en el equipo. Aquí sí que no hay límites, porque se trata de un camino que lleva a formar un nuevo estilo de vida, por lo que debes hacer que la persona se sienta que ese día empezó su mejor momento hasta el resto de su vida.

El dar sentido de familia a los equipos de multiniveles los afianza, los une y los prepara para dar a otros que vendrán de lo que ellos han recibido. Si no reciben nada, tampoco darán nada. Marie Curie, dijo: «La humanidad también necesita soñadores para quienes el desarrollo de una tarea sea tan cautivante que les resulte imposible dedicar su atención a su propio beneficio». Haz que la persona seleccionada te acompañe en el viaje por la vida y brinda un tiempo grandioso de bienvenida al que llega. Hazle sentir que no está entrando a un medio de trabajo para subsistir, hazle ver que está entrando a una aventura hacia el éxito. Confucio dijo: «Encuentra el trabajo que te guste y no tendrás que trabajar un solo día de tu vida».

**C. La inducción.** Las personas no son desechables, son seres humanos que esperan encontrarse con alguien que sueñe con ellos. No quieren ser tirados en un lugar como objetos, esperan sentirse importantes y saber que tienen en las manos una oportunidad de cambio en su vida. No obstante, el agitado ritmo de un líder de negocios lo lleva a contratar personas a quienes suelta en una pecera como si fueran pequeñas crías que luchan por su vida.

Estadísticamente, está comprobado que un alto porcentaje de los peces que nacen, mueren comidos por otros peces o por alguna otra razón. La probabilidad de que estos seres vivos lleguen a su etapa de adultez es menos del 10%, sin embargo, son tantos los huevos colocados que una gran cantidad sobrevive. Pero no podemos repetir este mismo proceso en ventas. Se supone que los vendedores deben tener un rico tiempo de inducción en el que el gerente es el anfitrión. No importa cuán ocupado estés, si contratas a una persona que se reporta contigo, es importante que dediques tiempo de calidad para que ese nuevo miembro del equipo conozca a las personas que laboran en la compañía. Aprende a manejar las herramientas de trabajo, aprende de los procedimientos y de las líneas visibles e invisibles de la organización. Siempre he dicho que es mejor perder dos días con un vendedor que pasarnos toda la vida recibiendo llamadas para preguntar cosas que en un día se pudieron resolver.

Muchos líderes de ventas dicen no tener tiempo para la inducción, a lo que yo respondo que no es correcto porque un líder que no toma este tiempo está enviando el mensaje a su prospecto de que su vida es un desastre, lo cual no crea buenas expectativas. Si como líder de negocios, le aseguras a la persona contratada que va a triunfar en tu organización y, por el contrario, la persona percibe que no tienes tiempo para dedicarle, tu promesa le resultará incoherente.

Definitivamente, entenderá que es un esclavo del trabajo y de la vida.

Recuerdo que cuando era un niño, siempre esperaba a mi padre para que pasara tiempo conmigo. Cuando él se iba, yo entristecía porque para mí no era importante su dinero, ni su trabajo, ni su estatus; era importante su tiempo conmigo, así que un día compré una paleta para pagarle y de esa manera, se quedara conmigo un rato más. A veces, le colocaba un lápiz en el bolsillo para recordarle que lo estaba esperando.

Para un nuevo vendedor, sucede algo parecido, puesto que requiere que alguien lo proteja en la enorme pecera, alguien que lo guíe durante esos primeros días de adaptación, a fin de que los demás lo reciban bien y logre ganar la confianza del resto del equipo como apoyo. Alguien anónimo escribió una frase que dice «acompañar no es una pared para apoyarse, es un puente que nos lleva a otro lugar». De eso se trata el proceso de inducción, de transmitir a nuestro prospecto la sensación de que todo lo que le hemos dicho en el proceso de reclutamiento y en la contratación es la verdad. El punto es que sienta que lo hemos llevado a otro lugar y que estamos juntos cruzando el puente hacia el éxito.

**Las cesáreas versus los partos naturales**

Hace unos días, viajaba a dar una conferencia a Colombia y tomé un avión con escala en Miami. Conocí a una doctora que estaba en nuestro país en una misión de ayuda para comunidades necesitadas. En la conversación, le pregunté qué era lo que más le había preocupado de nuestro sistema de salud y ella me respondió: las cesáreas. Esto, desde luego, me sorprendió pues para mí las cesáreas eran buenas hasta el momento; por lo tanto, ella me explicó que cuando un niño nace mediante cesárea tiene mucho más riesgo de enfermarse que cuando es mediante parto natural.

*Líder de negocio exitoso*

Cuando el niño pasa por todo el proceso del parto, su cuerpo se prepara para salir, lo cual ya es un aspecto que mejora su sistema inmunológico. En segundo lugar, cuando pasa por todo el canal vaginal, debido a que la madre tiene cientos de anticuerpos, el niño se prepara para enfrentar el nuevo ambiente en el que va a vivir. Hacer una cesárea es como asaltar al bebé en su hábitat y sacarlo, repentinamente, sin estar preparado para algo tan difícil como es enfrentar como la vida. Por esa razón, es preferible trabajar por un parto natural a menos que sea perentorio hacer esa cesárea.

De la misma manera, cuando un líder deja a un vendedor o a un socio de negocios a su suerte, rodando en un salón de conferencias o en el sillón de espera hasta llegue el tiempo de salir a la calle, pierde una valiosa oportunidad de transmitir conocimiento, de prepararlo para enfrentar todos los desafíos que le presenta la carrera o la institución. Es un tiempo en que el líder puede aprovechar para fortalecer y preparar su sistema inmunológico de negocios y pulirlo. Sin duda alguna, acompañar al nuevo miembro del equipo será de mucho provecho para ambos.

**Primer día en el terreno**

Recuerdo cuando mi hija mayor ingresó a la universidad. Debo confesar que me partió el alma cuando me dijo: «Papi, ¿no vas a acompañar a tu hija a su primer día de universidad?». Ella ha ido a tantos lugares, ensayos, actividades y a varios trabajos en distintos horarios que no pensé lo significativo que le resultaría el hecho de que yo le acompañara a su primer día de clases en la alta casa donde realizaría sus estudios. Así que me vestí lo más rápido que pude y la llevé a la universidad.

Para un consultor de negocios nuevo, el que su líder le acompañe en su primer día de trabajo a hacer las primeras entrevistas y citas, será algo espectacular. Toda la teoría se va al piso cuando uno sale por primera vez a presentar un producto o un negocio.

En mi caso, usaba una herramienta que aprendí mientras fui un discípulo en la iglesia. Primero, yo lo hacía todo y el agente observaba y tomaba notas. Luego, hacíamos las ventas entre los dos y, por último, él lo hacía todo y yo tomaba notas.

Este proceso nos enriquecía a ambos y permitía que ganara confianza. Esto no hay que hacerlo por un mes, basta con uno o dos días y se abrirá la confianza. Te preguntarás ¿es obligatorio que yo haga esto con todos mis vendedores, socios o ejecutivos de negocios? Yo te respondo que no, pero si quieres ser un líder de negocios realmente exitoso, es mejor que lo hagas la mayor cantidad de veces posible, puesto que son prácticas de los campeones en el ramo.

**El primer día con otro vendedor**

En mi experiencia personal, enviar a un vendedor nuevo con otro vendedor en su primer día de trabajo es un grave error. En primer lugar, no importa cuán bueno sea el vendedor, nunca tendrá todas las herramientas ni la experiencia que posee el líder, así que el entrenamiento de ese primer día nunca será igual. En segundo lugar, si por alguna razón el vendedor no está muy satisfecho con la empresa, cosa que suele suceder de forma común, le transmitirá toda esa carga negativa a tu nuevo prospecto. En tercer lugar, muchos vendedores de tiempo acumulan malas prácticas e instruyen de inmediato al nuevo vendedor de cómo hacer lo que no debe hacer. Esto, desde luego, como comprenderás va a derribar todo lo que tú has intentado construir en esas semanas de trabajo.

En lo personal, prefiero enviar al vendedor solo, en caso de que no pueda acompañarle, en vez de enviarlo con otro vendedor. Además, es preferible por respeto al vendedor antiguo que sale a trabajar y por respeto al nuevo a quien no le haría bien aprender malas costumbres de otros vendedores.

## Primer mes del vendedor

Durante la primera quincena o el primer mes, es de suma importancia que el líder preste toda la atención posible a su nuevo consultor de ventas, sobre todo hasta el día del cobro, pues ese primer ingreso es determinante, ya que reflejará su primera comisión o ganancia. Es bueno que el líder tome el estado de comisión y se lo explique, desglosándole cada detalle y la razón por la que cobró determinada cantidad de dinero.

Para la mayoría de los vendedores, la primera comisión—a menos que ya conozca el mercado—frecuentemente es más baja, pero es importante observar el estado porque hay detalles que varían de una compañía a otra. Las comisiones de un nuevo vendedor rara vez son tan buenas como las de uno que tiene tiempo y experiencia, por lo que se hace necesario motivarlo y explicarle que su ingreso irá incrementando a medida que se vaya haciendo de cartera. Te suplico que hagas seguimiento a estos números, por lo menos durante los primeros tres meses. De esta forma, ayudarás a que no pierda ni un centavo y podrás descubrir si ha faltado algún proceso, si ha habido una devolución, si las solicitudes sometidas están todas correctas, pues por la inexperiencia, pudo haber llenado alguna incorrectamente. Cuando un representante de negocios o vendedor inicia, necesita dirección. Ya cuenta con la motivación, pero requiere dirección.

Desde mi óptica, un vendedor ha concluido su proceso de reclutamiento cuando cobra por lo menos tres quincenas satisfactoriamente. Al ver que sus números empiezan a estar en el promedio, entonces se entiende que puede quedarse, aunque todavía permanece en observación. Después de concluido este proceso, empieza un proceso intenso de formación que es lo que vamos a ver a continuación, pero antes deseo compartir contigo esta historia.

Cierto día, un rico ateniense encargó a Sócrates la educación de su hijo. El filósofo le pidió por ese trabajo quinientos dracmas, pero al hombre le pareció un precio excesivo.

—Por ese dinero puedo comprarme un asno—, dijo.

—Tiene razón—, contestó Sócrates —le aconsejo que lo compre y así tendrá dos.

Muchas veces por no invertir tiempo en consolidar a nuestros prospectos, nos vamos llenando de miembros en el equipo sin las habilidades necesarias para lograr los resultados que la organización espera. No escatimes esfuerzos en invertir tiempo en los nuevos vendedores y socios de negocios; de lo contrario, pagarás el precio.

**Formación**

> «Daría la mitad de lo que sé por la mitad de lo que ignoro».
>
> *René Descartes.*

Cuando invertimos tiempo en la formación de nuestra gente, los resultados nunca se hacen esperar. Nunca es perdido el tiempo que invertimos en la formación de nuestro equipo. Es todo un desafío convencer a los líderes de empresas de que inviertan en su fuerza de ventas. Las empresas que logran construir un sistema de capacitación continua para sus equipos de negocios siempre obtendrán mejores resultados que el promedio del mercado. Sin embargo, los líderes de negocios no cuentan con un sistema continuo de formación en ventas. Muchos se preguntan: «Pero si las demás áreas no lo hacen, ¿por qué habría de hacerlo el área de ventas?». Esto tiene una explicación y no es muy complicada.

Tal como he escrito anteriormente, los vendedores,

representantes, agentes, consultores o ejecutivos de negocios son una especie completamente distinta en el ecosistema de una organización. Necesitan refrescar los conocimientos adquiridos constantemente y adquirir nuevo conocimiento a fin de poder dar respuesta a todas las objeciones de sus clientes y a las demandas del mercado. El líder de negocios, en función de mediar entre lo que plantea la empresa y lo que necesita su equipo, debe adquirir la habilidad para formar su fuerza de ventas y desarrollar un programa externo e interno que le permita llevar a su equipo a los niveles de formación más altos posibles.

*«Nunca es perdido el tiempo de formación que empleamos en nuestro equipo».*

**Dío Astacio**

Durante mis estudios universitarios, pude aprender una definición de productividad que me ha ayudado mucho y se trata de la siguiente:

$$P=mxc/t$$

Esta fórmula dice que productividad es igual a motivación por conocimiento partido en tiempo y esa es una gran verdad. No importa cuán motivados estén los miembros del equipo, si no tienen conocimiento suficiente, su productividad será mucho menor de lo esperado; pero también es cierto que, si tienen conocimiento y no tiene motivación, entonces tendremos el mismo resultado deficiente; pero más aún, a pesar de tener ambas herramientas, si no inviertes tiempo en lo que sabes y lo que quieres, el resultado será el mismo: no habrá buenos resultados.

Partiendo de la fórmula anterior, el líder de negocios debe tomar muy en cuenta que los miembros de su equipo necesitan entrenarse constantemente en las siguientes áreas:

**Conocimiento de técnicas de ventas** – No importa cuánto conocimiento tengas sobre la industria o el producto, debes saber cómo se vende. He conocido muchas personas que entran a las ventas y lo asumen como algo que no hay que aprender. Debo decir que al referirnos a las ventas, estamos hablando de una profesión o carrera igual a cualquier otra. No se nace siendo doctor, ingeniero o abogado, para ejercer una profesión hay que estudiar. Una persona puede nacer con aptitudes que le benefician en ciertas áreas, pero debe prepararse si quiere ser un buen profesional. Por eso, el líder de negocios exitoso debe procurar hacerse un experto en técnicas de ventas, pues a un contador se le contrata bajo la premisa de que sabe lo que tiene que hacer y cómo hacerlo. Cuando invertimos en técnicas de ventas los resultados son evidentes de inmediato.

Benjamín Franklin decía: «No hay una inversión más rentable que la del conocimiento». Es ese sentido, aunque sepas mucho de ventas por tu experiencia, invita siempre a profesionales en el área que se dedican solo a enseñar y paga buenos entrenamientos. Además, mis colegas y yo te lo vamos a agradecer. Debo confesar que por años me mantuve haciendo ese trabajo con mis ejecutivos de ventas sin invitar a profesionales del área, pero esto fue un grave error y la razón es muy sencilla: al líder de ventas le pagan para dirigir un equipo, no para ser un instructor. Por tanto, aunque un gerente tenga las habilidades para enseñar, no cuenta con el tiempo necesario para dedicarse a preparar el material adecuado y tampoco tendrá el mismo respeto por parte de su equipo.

John Locke decía que «ningún conocimiento humano puede ir más allá de la experiencia», pero también es bueno saber que cuando se dedica tiempo a la investigación de ciertos temas y se prepara para dar exclusivamente los entrenamientos, la persona se vuelve mucho más efectiva en esa área. Claro que un entrenador o coach que ya ha vivido mucho antes la experiencia de lo que habla resulta mucho mejor. Sin embargo, aunque el líder de negocios tenga más experiencia que cualquier instructor, debe dar la oportunidad de que alguien que no sea él entrene al equipo en técnicas de ventas. Esto le impondrá seriedad al estudio y le creará mayor compromiso al equipo.

**Conocimiento de la compañía** – Es preciso que las personas conozcan la compañía en todos sus aspectos. Te recomiendo que invites a tus reuniones a ejecutivos de la empresa para que compartan su conocimiento sobre el funcionamiento de los distintos departamentos. Esto tiene múltiples efectos. El primero es que el gerente aprende de cada uno de los altos ejecutivos y se prepara, ya que en algún momento podría ser el gerente general, por lo que esto le va a ayudar. En segundo lugar, hace que estos ejecutivos se acerquen al equipo de negocios y que el equipo de negocios se acerque a los ejecutivos; esto produce una sinergia interesante y viabiliza las operaciones, pues no es lo mismo que la empresa conozca al líder de negocios a que no lo conozca en absoluto. En tercer lugar, es una oportunidad de oro para que los vendedores hagan conciencia de cómo su trabajo beneficia o afecta otras áreas y cuán importante es hacer las cosas para que los demás departamentos marchen bien. Dijo Peter Drucker: «Calidad es hacer las cosas bien desde el principio».

∽

*«Toda compañía debería trabajar duro para hacer que su propia línea de productos quede obsoleta, antes de que lo haga la competencia».*

*Philip Kotler*

∽

## Tareas básicas de un líder de negocio exitoso

Recuerdo que cuando me desempeñaba como director de negocios en alguna empresa, siempre invitaba a los encargados de las áreas de cobros, computación, área técnica y de producción o de riesgos a que tuvieran una exposición de unos 30 minutos en nuestras reuniones semanales. Además de que esto enriquecía la reunión, era un aporte a la integración del equipo con las otras áreas.

Por otro lado, aunque sepas mucho de todo, es un acto de humildad reconocer a otros en sus áreas y brindar la importancia y el respeto que otros ejecutivos merecen. Muchas veces, algunos de esos ejecutivos no son invitados dentro de la misma empresa a hablar sobre sus experiencias, pero el hecho de que el líder o gerente de negocios lo haga, resulta ser un acto de reconocimiento al permitir que instruyan a su fuerza de ventas.

Copérnico dijo: «Para saber que sabemos lo que sabemos y que no sabemos lo que no sabemos, hay que tener cierto conocimiento». Por eso, el líder se engrandece cuando da oportunidad a otros líderes de exponer su conocimiento frente al equipo de negocios. Haz que tu equipo conozca cómo funciona la compañía en todos los sentidos. Esto los hará más eficientes y evitará que tengas que estar resolviendo problemas relacionados a otras áreas, cuando ellos ya han obtenido la capacidad de resolver sus propios problemas sin tu intermediación.

***Conocimiento de la industria*** – Alguien dijo: «Para un gusano, una zanahoria es el mundo». Si tu equipo solo maneja los productos de su empresa y no conoce lo que pasa en el resto de la industria, entonces estará limitando su potencial de ventas. Por esa razón, no escatimes esfuerzos para participar, tanto tú como tu equipo, en ferias, simposios internacionales, congresos y todo tipo de eventos vinculados con tu industria. No pierdas de vista el hecho de que es importante dar seguimiento a otras empresas de la industria. No puedes pasar por una empresa solo conociendo lo que se hace en esa empresa. Debes dedicar tiempo para que tu equipo conozca el funcionamiento de la industria en su totalidad y los principales actores de la misma.

Formar a tu gente en todos los aspectos concernientes al tema, te dará respeto frente a ellos y frente a los ejecutivos de la empresa. Además, como regla general, un estratega debe tener en consideración que es importante conocer su competencia y sus ventajas frente a esa competencia, lo cual es una herramienta de ventas. Haz el propósito de estudiar a la competencia y las distintas compañías del mercado para tener un conocimiento más vasto y poder derrotar las objeciones. Cuando conocemos la industria, nos damos cuenta de nuestras debilidades y de la urgencia de innovar. Sin embargo, esto no es algo que podremos saber si mantenemos la cabeza metida solo en nuestra empresa, olvidándonos de la industria en general y de nuestros competidores.

Resulta que si no estudiamos el entorno, nos podría pasar como al Blackberry que fue cercado por Whatsapp aunque tenía uno de los mejores celulares del mundo. El hecho de no darle importancia a la industria puede llevarnos a la quiebra. Por ello, todos tus vendedores deben ayudar constantemente en la actualización de lo que está pasando en el mercado. Abre tu equipo al mundo y mantente actualizado junto con ellos.

***Conocimiento de nuevos productos*** – Los vendedores siempre deben saber cómo anda todo en la empresa y cuáles son los nuevos productos que se están introduciendo, porque de lo contrario, sus ventas pueden no crecer en la proporción esperada. El hecho de que los miembros del equipo de negocios se acostumbren a vender un solo producto no es bueno para el portafolio y la rentabilidad de la empresa. Es imperativo que insistamos en el conocimiento de los nuevos productos. Es conveniente y para el bien del equipo, invitar al área de

Marketing y de producción para saber sobre los nuevos productos. Es increíble cómo un nuevo producto puede salvar el presupuesto de ventas. Además, considera que mercadear un nuevo producto no aumenta sus costos porque lo promoverá el mismo vendedor. Solo se trata de incorporar un arma nueva a tu arsenal y con ella, puedes incrementar tu productividad de forma muy satisfactoria.

La razón por la que a los vendedores no les agrada presentar nuevos productos tiene que ver con la ley del posicionamiento de la que nos hablaban Al Ries y Jack Trout hace mucho tiempo. A eso se une la resistencia natural al cambio. Es normal que la gente no quiera cambiar y que luego que se aprende un producto, lo recite con más facilidad que cualquier otra cosa. Sin embargo, para ir derribando esta barrera, es necesaria la insistencia y el entrenamiento.

∼

*«Todo se trata de intentar cosas y ver si funcionan».*

Ray Bradbury

∼

Recuerdo una reunión con uno de mis líderes de aquel entonces, el presidente de la Compañía Nacional de Seguros, el Señor Felipe Mendoza. Estábamos felices porque habíamos sobrepasado nuestros objetivos en más de un 10% sobre la meta establecida. Se nos invitó a un cóctel en el salón privado de la presidencia, que para mí era el lugar más hermoso y exclusivo que tenía la empresa. Parecía una cámara de un castillo de la antigüedad, con una decoración espectacular.

## Líder de negocio exitoso

Nos presentamos contentos y con un sentido de orgullo para recibir un aplauso de nuestro presidente. Nadie esperaba otra cosa que no fuera un buen bono y unas felicitaciones esplendidas de parte del señor Mendoza. Empezó la reunión y el presidente tomó la palabra. Nos dio un discurso sin parar de media hora. Aquello parecía un velorio, todos quedamos impávidos, absortos y nos mirábamos unos a otros como diciendo: «¿Y aquí qué pasó?». Todas nuestras expectativas se fueron al suelo ante el devastador discurso de nuestro presidente, quien nos dijo: «Habiendo más de 100 productos en la empresa, ustedes solo venden uno. Debo decirles que sus ventas en seguros de vehículos están provocando que la compañía pierda mucho dinero. Los siniestros en vehículos están por encima del 120%». Eso quería decir que de cada 100 pesos que entraban a la compañía, había que buscar 20 pesos extra para pagar las reparaciones de los vehículos. Luego de todo ese regaño, nos dijo lo siguiente: «Han logrado el objetivo, están bien sus números, pero aún estamos perdiendo dinero». Había un desayuno riquísimo sobre la mesa que nadie quiso probar. Salimos de allí aturdidos, sin aliento, pero logramos conocer una nueva perspectiva del negocio y de la compañía.

Todos habíamos fallado y era el rol del presidente hacérnoslo ver. Es por eso que estoy escribiendo estas líneas para advertir a los gerentes y líderes de negocios cuál es su rol; hay que diversificar las ventas y se debe aprovechar cada producto que hay en la empresa, pues muchas veces, los productos más rentables son los que menos se venden y esa es una oportunidad que hay para negociar bonos e ingresos extra por productividad en una línea específica que nadie quiere comercializar. Resulta que vender lo que le gusta a todo el mundo es fácil, pero no siempre es rentable.

Alexander Graham Bell dijo: «Nunca andes por el camino trazado, pues te conducirá únicamente hacia donde los otros fueron». Quien va en la búsqueda de nuevos mercados y vende lo que el resto del equipo no vende, gana espacio y respeto en la organización, hace cosas que otros no hacen y gana dinero que otros no ganaron. En conclusión, nunca pierdas la oportunidad de entrenar a tus vendedores en relación a los nuevos productos.

***Conocimiento de los productos existentes*** – Para nadie es un secreto que la costumbre hace ley y que de tanto repetir lo mismo llega un momento en que se recita, pero eso no quiere decir que lo conozca. Puede ser que en el proceso de repetición, se pierda la capacidad de razonamiento sobre un punto específico si no se profundiza, lo cual resulta peligroso. Alguien dijo que el aprendizaje es hijo de la repetición, pero para que sea efectivo, debe ir acompañado de profundidad y comprobación a fin de aclarar los puntos oscuros. Profundizar sugiere no detenerse ante lo que no se sabe, no se entiende, no se puede o no se ve. Esta es la ley que da origen a los grandes logros de la humanidad (Ley de la profundidad, *Éxito integral, diez leyes escondidas*, Dío Astacio, 2008). La venta es un asunto racional que toca lo emocional. Los vendedores pierden conocimiento sobre el producto que venden y es necesario refrescar este conocimiento cada cierto tiempo. Es importante que el líder de negocios lleve a cabo entrenamientos y exámenes de todos los productos del portafolio de la empresa. Muchas veces no se vende un producto porque no se sabe nada sobre él. En adición a eso, mientras más se sepa del producto, más fácil será venderlo. Por eso, el líder de negocios debe entrenar constantemente a los vendedores y socios sobre los productos de la compañía y todos los procedimientos relacionados con ellos.

***Conocimiento de todo lo necesario para mantener la mente activa*** – Un vendedor puede estar en una empresa por diez años. Si calculamos bien, en diez años se pueden lograr dos carreras o licenciaturas, tres maestrías o tres doctorados, lo que quiere decir que una persona, en ese tiempo, debería ser un doctor en cualquier área de la vida en la que se desarrolle. Si el líder trabaja los aspectos formativos de su equipo, al cabo de un tiempo, los miembros van a estar muy agradecidos con él como mentor. Por lo tanto, no pierdas de vista la formación de tus vendedores y entrénalos en todos los aspectos que puedas.

Desafíalos a crecer, a inscribirse en maestrías y a incursionar en nuevas áreas del conocimiento. Todo esto, te va a producir posibles sustitutos si laboras como líder para una empresa convencional, pero es bueno que entiendas y sepas que si no tienes quien te sustituya, significa que no has podido avanzar en la compañía. El liderazgo se pone a prueba cuando tenemos más que seguidores, líderes que puedan sustituirnos.

## Control

*«Tener el control de todo puede resultar una tarea difícil; pero sin duda alguna, al ejercer cierta medida de control, podemos inyectar energía al equipo».*

Dío Astacio

Por naturaleza, el control no es un área fuerte del líder de negocios. De hecho, muchos elegimos esta carrera precisamente porque el hacer reportes, llevar listados, dar seguimiento a detalles administrativos no es lo que más nos gusta. Sin embargo, el control es una tarea que ningún líder debe descuidar, puesto que puede cambiar las reglas del juego en un abrir y cerrar de ojos.

He visto muchos colegas salir de una empresa de un día para otro por haber descuidado su área de control. De igual forma, he visto líderes de negocios sucumbir y decaer por la misma razón. Lo peor es que el tema del control es como un cáncer en etapas avanzadas que sorprende cuando hay poco que hacer.

Son muchas las áreas que un líder de negocios debe controlar, pero las más importantes son las siguientes:

***Controlar las ventas*** – Suena ilógico decir que debemos controlar las ventas, pero debo decir que los mayores fraudes en el área de negocios suceden cuando hay un descontrol en las ventas. En los tiempos en los que hay mayores niveles de cierre, es cuando ocurren más fraudes. Por lo tanto, cuando un miembro de tu equipo está produciendo fuera de lo normal, muy por encima, enciende las alarmas y alerta tus sentidos. Parece algo irracional, ¿no? ¿No es acaso lo que todo líder de negocios espera de sus vendedores, que produzcan fuera de lo normal? Claro que sí, pero eso no debe distraer al gerente en su tarea de controlar cómo y de dónde vienen esas ventas. En numerosas experiencias, pude ver como el personal de negocios, por una razón u otra, se involucraba en acciones ilícitas. Esto, desde luego, traía devastadoras consecuencias en el equipo, por lo que el líder no puede descuidarse con la documentación concerniente a su equipo, al controlar aspectos que tienen que ver con nuevos pedidos. Mientras más ventas trae un vendedor, más atención hay que poner.

***Control de los cobros*** – Si un vendedor vende mucho y no cobra, entonces no está haciendo mucho, ya que vender y no cobrar es peor que no vender, pues esto genera pérdidas. Todos los meses, el líder de negocios debe tomarse un tiempo para revisar las cuentas por cobrar y el saldo por antigüedad de los integrantes de su equipo.

∽

*«Sed espectadores atentos allí donde no podáis ser actores».*

José Enrique Rodó

∽

## Líder de negocio exitoso

No todas las empresas venden a crédito. Hay empresas que realizan todas sus ventas al contado. En este tipo de negocios, el punto no aplica, pues cada vendedor debe ser el responsable de los productos que adquiere y vende, a menos que haya un programa de crédito especial para viajes, convenciones, seminarios, etc. Hay otras organizaciones en donde no se vende a crédito, pero se hacen algunas concesiones para el cierre de las ventas. Sin embargo, en la gran mayoría de las empresas tradicionales se vende a crédito y al contado.

En ocasiones, algunas de esas ventas se quedan en el aire porque no se completan detalles sencillos e importantes. Eso pasa a cuentas por cobrar aunque no se compute en la producción del vendedor del mes, pues los productos ya han sido entregados a los clientes. Es muy común que cuando las ventas ocurren con rapidez, aspectos como estos se repitan y si el gerente no tiene el control y no da seguimiento, muchas facturas quedan en el aire acumulándose por varios meses. Esto hace que en lugar de que sus ventas sirvan como un aporte a las utilidades de la empresa, representen una pérdida porque no se están cobrando.

Lo que he visto en casos como estos es que el gerente puede pasar fácilmente de la gloria al infierno en tan solo un instante. A veces, todo el mundo le aplaude porque sus ventas son las mejores y el equipo está feliz con su desempeño hasta que la alarma de los cobros se dispara y viene el torrente de llamadas para reuniones que el líder de negocios debe enfrentar. La pregunta que he escuchado en casos como estos es: ¿Qué desorden es este? ¿Qué está sucediendo? Mi recomendación es sencilla, controla los cobros.

**Control de los recibos** – En muchas instituciones, se les otorga a los vendedores o ejecutivos de negocios talonarios que funcionan como recibos provisionales, lo que permite que el vendedor realice un cobro luego de una venta, ya sea en efectivo o cheque.

Resulta que la astucia y la necesidad pueden hacer un corto circuito en la mente del vendedor y hacerle tomar un dinero que haya pagado un cliente para resolver sus problemas personales. Cuando esto ocurre, el próximo cliente paga la factura del cliente anterior y de esta forma, se crea lo que nosotros llamamos una centrífuga que no es más que la repetición del mismo evento varias veces, hasta que el vendedor llega a manejar una importante suma de dinero como si fuera una caja chica personal.

Esta situación es un mal endémico en todas las fuerzas de ventas que manejan recibos provisionales, algo que es completamente incorrecto y que debe evitarse a toda costa. Cuando el vendedor hace viajes largos y la compañía no es lo suficientemente oportuna en el pago de sus viáticos, puede que permita que el vendedor utilice dinero de una factura para cubrir sus propios gastos, algo que para mí rompe todas las normas de controles, pero como gerente no siempre se puede imponer un criterio cuando los dueños de la empresa manejan las cosas de esta manera.

No obstante, en casos como el anterior, generalmente, las cosas se salen de control. Las deudas llegan a acumularse de forma impresionante y por ello, el líder de negocios puede salir involucrado de una manera u otra. Por esa razón, se debe mantener vigilancia sobre estos aspectos y evitar que los vendedores realicen este tipo de acciones, provocando deudas que llegan a los extremos.

No debe faltar nunca un recibo provisional en el talonario y si ha sido anulado debe haber una constancia que lo compruebe. Un buen líder de negocios hace arqueos o revisiones de esos recibos. Debo advertir que esta es una operación muy fina porque te encontrarás con que, si no eres experto, te podrían engañar, ya que los vendedores pueden alterar números, duplicar recibos, anular, etc. Hay cientos de formas y mañas que los vendedores utilizan para evadir el control y causar distracción.

Algo que puede ser de mucha utilidad es pedir la ayuda del departamento de cobros y de contabilidad para convertirte en un experto con esos reportes y auditar a tus vendedores. El periodista sueco Stieg Larsson dijo: «No hay inocentes, solo distintos grados de responsabilidad» y en algún sentido, el líder de negocios es también responsable en situaciones como éstas, pues probablemente muchos problemas de esta índole no ocurrirían tan a menudo, si se mantuviera vigilancia y control sobre los detalles.

Mi sugerencia, en este caso es que si te ocurre una primera vez y las cosas se mantienen dentro de los límites, establece un correctivo y da los avisos correspondientes. Sabemos que en ocasiones ciertos temas se van de las manos, pero es necesario tomar decisiones más drásticas, sobre todo, si se trata de una persona reincidente. En todos los casos, levanta un reporte de la situación y deja bien claro que bajo ninguna circunstancia esto debe repetirse.

Notifica a tu jefe inmediato acerca de la situación. Nunca esperes que sea otro quien informe a tu superior. Siempre hay solución para aquello que se trata a tiempo y con la verdad. Nunca des la espalda a lo que has hecho, sé responsable y pon las cartas sobre la mesa, de tal manera que a tu superior no lo tomen por sorpresa. Por eso, pase lo que pase, la única formar de poder salir adelante es enfrentando el problema y dando la cara.

Mientras más ocultes las cosas, puede llevar a que sospechen de ti.

Debo decir que muchas veces los líderes de la organización se enteran de todo primero que el gerente o líder de negocios, por eso no debes preocuparte, debes ser honesto porque la honestidad te salva el pellejo. Lo que los superiores esperan es que seas frontal y asumas tu rol y probablemente, por ello esperan a que el líder se acerque a tratar el asunto. Siempre se es más infeliz escondiendo la verdad que diciéndola, como dijo Baltazar Gracián, el escritor español: «Es tan difícil decir la verdad como ocultarla».

## Motivación

> «La motivación no puede estar ajena a ninguna de nuestras actuaciones».
>
> Dío Astacio

De todos los roles de un líder de negocios, la motivación es una de las áreas más difíciles y complejas, pero que produce mayor impacto en el equipo. Un importante director de cine llamado Stanley Kubrick, dijo: «Pienso que el gran error en las escuelas es tratar de enseñar a los niños usando el miedo como motivación». Esta frase no es tan infantil como parece, podemos aplicarla al trabajo en equipo y es el error que se comete una y otra vez: intentar que las personas logren las cosas por miedo.

Todos los equipos de trabajo, sin importar lo que realicen, necesitan motivación. No obstante, el equipo de negocios es uno de los que mayor motivación requiere. Puedo decirte, con seguridad, que mucho más que cualquier otro de la compañía. Eso es algo que está demostrado y que obedece a lo difícil que resulta interactuar con los clientes fuera de la empresa, sin contar con el reto de buscar los ingresos, todos los días, sin tener la seguridad de la cantidad que estará escrita en el cheque de fin de mes, en la mayoría de los casos.

∼

«El liderazgo es el arte de conseguir que otra persona haga algo que quieres hacer porque quiere hacerlo».

Dwight D. Eisenhower

∼

Si yo fuera a contratar a un líder de negocios, de todas sus competencias, le otorgaría mayor puntaje a la motivación sobre su gente. Si el líder no sabe motivar, su equipo puede rendir, pero te garantizo que no lo hará igual. La motivación es la materia prima en la vida de un vendedor. Si como gerente, logras que los miembros de tu equipo voluntariamente hagan lo que tú dispones, entonces habrás empezado el proceso de liderazgo. La motivación tiene la virtud de llevar a la gente a que disfrute el trabajo que hace en los negocios. Si ellos son felices, los resultados serán diferentes.

**El efecto de la motivación**

Los aviones tienen lo que llamamos pilotos automáticos. Esta herramienta permite que el avión siga volando mientras el piloto descansa o hace otra tarea. En ocasiones, el piloto automático puede ser más seguro que algunos pilotos humanos. La motivación se convierte en un piloto automático, pues permite al líder de negocios hacer otras cosas mientras sus vendedores siguen trabajando a toda máquina. Es seguro que un equipo de negocios bien motivado va a producir altos resultados, aunque el líder no esté pisándoles los talones. Es increíble ver a un vendedor sin motivación salir a la calle y sentarse en cualquier lugar. Como vendedor, tuve ocasiones de estar en la calle totalmente desmotivado, ya fuera hacia la empresa, hacia mi jefe o por asuntos personales y seguramente, sabes que es muy difícil trabajar de esta forma.

Hay que hacer todo lo posible para que nuestros ejecutivos de ventas no salgan desmotivados. Observa siempre sus rostros, escucha su voz y no pierdas de vista ninguno de sus movimientos porque es mejor que el vendedor no salga si está desmotivado, ya que más que producir gastará dinero, combustible y tiempo.

Si el vendedor sale a la calle sin pasión y sin el ánimo de cambiar el mundo, los resultados serán nulos. Steve Jobs, al momento de contratar a las personas, siempre buscaba más que cualquier cosa su motivación, su pasión por lo que estaban haciendo. Él dijo: «Cuando contrato a alguien con mucha experiencia que lo respalda, ser competente es lo más importante. Tienen que ser realmente inteligentes. Pero el verdadero problema para mí es ¿van a enamorarse de Apple? Porque si eso sucede, todo lo demás pasará solo. Ellos tendrán que hacer lo mejor para Apple, no lo que es lo mejor para ellos mismos, ni lo mejor para Steve Jobs o lo mejor para cualquier otra persona». Yo coincido con este pensamiento de Steve Jobs, sobre todo en cuanto al área de negocios, pues lo más importante es que esa persona conserve la pasión por lo que hace. A continuación, permíteme compartir la siguiente historia que tiene que ver con la motivación del equipo versus la incompetencia de la burocracia.

**El remero incompetente**

Cuenta una historia que se celebró una competencia de remos entre dos equipos, uno compuesto por trabajadores de una conocida empresa dominicana y otro por colegas de una empresa japonesa del mismo sector. Sonó el silbato de salida y los remeros japoneses empezaron a destacar desde el primer momento. Este equipo llegó a la meta y el equipo dominicano lo hizo con una hora de retraso con respecto al récord de los japoneses. De vuelta a casa, la dirección se reunió en comité para analizar las causas de tan bochornosa actuación y llegó a una conclusión que el secretario —una vez levantada acta— difundió en forma de comunicado a todo el personal de la empresa a través de correo electrónico: «Se ha detectado que en el equipo japonés había un jefe de equipo y diez remeros, mientras que en el dominicano había un remero y diez jefes de equipo, por lo que para el próximo año, se tomarán las medidas adecuadas».

Al año siguiente, la competencia tuvo lugar. Luego del silbato de salida, el equipo japonés empezó a tomar distancia desde el primer movimiento con los remos con bastante ventaja sobre el equipo dominicano. El equipo dominicano llegó esta vez con dos horas y media de retraso después del japonés. La dirección nuevamente se reunió. Después de estudiar el hecho, tras un minucioso análisis y varias amonestaciones de la alta gerencia, vieron que ese año el equipo japonés se había compuesto nuevamente de un jefe de equipo y diez remeros. Por el contrario, el equipo dominicano, después de las eficaces medidas adoptadas debido a los resultados desastrosos del año anterior, se compuso de un jefe de servicio, dos asesores de gerencia, siete jefes de sección y un remero. El Comité de Dirección llegó a la siguiente conclusión: «*El remero es un incompetente*».[4]

Muchas veces, culpamos a los demás de nuestra propia incompetencia y eso es algo que acontece en muchas empresas, donde todos mandan y pocos motivan, en pocas palabras: muchos generales y cero soldados.

∽

*«El líder de ventas exitoso, más que un jefe, es un gran motivador que integra a todos sus remeros en una dirección».*

Dío Astacio

∽

**Técnicas para mantener al equipo motivado**

**A. Buscar herramientas de motivación semanal.** En todas las reuniones de ventas, mi costumbre es establecer tiempo para

---

[4] Historia adaptada. Tomado del original de Gestión Empresarial.

cada área, formación, control, seguimiento y motivación. En el tiempo de motivación, pueden ocurrir o hacerse muchas cosas; una de ellas es utilizar herramientas y materiales como películas, videos, cartas, lectura de libros etc., todo con el fin de ayudar al equipo a mantenerse motivado.

**B. Crear un sistema de motivación mensual.** Un sistema de motivación mensual puede ser el nombramiento del vendedor o representante del mes. Se puede hacer una foto para la prensa de la persona y esto logra el milagro que debido al reconocimiento externo, el impulso interno de alcanzar su cuota aumente, pues tanto él como sus compañeros se sentirán orgullosos de su logro. En la actualidad, es mucho más fácil poder utilizar los reconocimientos externos por vía de las redes sociales y así promover los logros de nuestra fuerza de negocios, sin necesidad de invertir dinero en publicidad. Cuando los parámetros del vendedor del mes están bien establecidos, esto funciona solo.

**C. Premiar los buenos resultados de manera personal.** Es increíble el efecto que tiene en la vida de una persona el reconocimiento de su trabajo. En la vorágine diaria, perdemos de vista lo esencial del trabajo en equipo y parte de lo esencial es hacerles ver que su labor no se pasa por alto, sino que se reconoce y se premia. Muchos directores y gerentes creen que esto es una cursilería. Sin embargo, para la vida de una persona siempre será importante el reconocimiento ante los integrantes de su equipo.

La manera de reconocer estos resultados depende mucho de la creatividad y del presupuesto del líder de negocios, pero nunca debe dejar de hacer un reconocimiento por falta de presupuesto. Los reconocimientos no siempre son económicos. El Líder puede perfectamente, con palabras, hacer que sus vendedores se sientan reconocidos. Una cosa son los reconocimientos por concursos y otra distinta es la utilidad del reconocimiento del líder como parte de la motivación al equipo. La belleza y sensibilidad de un ser humano puede estimularse con tan solo una palabra de estímulo y aliento.

Voy a presentar algunos ejemplos de reconocimientos que llevaba a cabo para que mi equipo se mantuviera motivado. Para lograr esto, lo primero era tener a mano el dato del vendedor de mayor desempeño durante la semana o el mes. Eso debes tenerlo muy claro. Si el grupo es grande, es recomendable nombrar varias categorías o hacer los reconocimientos por producto.

Después de que tenía en mis manos la medición clara de los números, algo que los miembros de tu equipo deben conocer también, creaba las categorías. Los premios otorgados no necesariamente deben tener un valor crematístico, podían ser unas flores, un certificado impreso, el uso de símbolos, fotografías en un mural, una carta firmada por el dueño o jefe, hasta un individuo reconocido fuera de la empresa como un escritor o coach. Lo cierto es que el valor lo posee el reconocimiento y el nivel del mismo. Si logras que la empresa facilite bonos o premios metálicos, viajes, canasta de productos, etc., resulta fabuloso, pero casi siempre estos tipos de premios se reservan para concursos de año o de temporada.

En mi práctica, entregaba diferentes tipos de cartas: la que firmaba yo, la que firmaba mi jefe, la que firmaba el vicepresidente de la empresa, la que firmaba el dueño y cada una simbolizaba una categoría. Recuerdo una ocasión en que recibí una carta firmada por el Lic. Jacobo Majoleta (reconocido líder político dominicano que llegó a ser presidente del Senado y posteriormente Presidente de la República en el período de transición, debido al trágico fallecimiento del presidente, Dr. Antonio Guzmán Fernández en el año 1982), felicitándome por un premio recibido como el vendedor más destacado de una compañía de seguros. En fin, los reconocimientos van a necesitar de la creatividad del líder de negocios, pero en todos los casos, tendrá un efecto positivo en la motivación del equipo.

Las medallas era otro de los elementos que incluía en los reconocimientos. Entre las inversiones que realizaba como gerente y líder de negocios estaba la compra de medallas y trofeos. Esto realmente era al principio un costo elevado para mí, pero luego las cubría con las comisiones de las ventas generadas por el equipo, producto de la motivación alcanzada.

Si lo analizamos fríamente, el valor intrínseco de un trofeo es prácticamente nada para un segmento, cuyo objetivo principal es generar dinero, en términos de negocios. No obstante, cuando una persona lleva una medalla o un trofeo a su casa, el impacto es increíblemente elevado. Esto implica un motivo para que el vendedor se sienta orgulloso de lo que hace y lo celebre con su familia, amigos y relacionados. El reconocimiento, sin duda alguna, es algo que a todo ser humano le agrada obtener. El reconocimiento tiene la magia de traer a la superficie lo mejor que hay en un ser humano, en todas las áreas de la vida.

Hace unos días, vi en una fotografía al extinto líder, Dr. Joaquín Balaguer, posando con una medalla que le otorgó el dictador Anastasio Somoza (hijo) en su visita a nuestro país. Un hombre tan pragmático como el Dr. Balaguer posando con una medalla no parece nada gracioso, pero incluso el doctor era presa fácil de la necesidad de reconocimiento. Por eso, vemos cómo los generales llevan las insignias y medallas en sus uniformes.

Lo que quiero decir es que se puede lograr que el equipo otorgue valor a los reconocimientos y a las medallas en distintos niveles o categorías alcanzadas. El líder puede crear rangos de medalla por mayores ventas, medalla por menos cuentas por cobrar, medalla a la excelencia, medalla por mayor número de nuevos clientes, etc. Las medallas pueden tener tamaños y colores diferentes. El impacto en los hijos de nuestros colaboradores cuando llevan a casa una medalla, una carta o trofeo es invaluable. Si lo vemos desde la perspectiva de padres de familia, a todos los padres nos encanta que nuestros hijos traigan reconocimientos a casa y deseamos que fuera todos los meses. Si un padre se siente orgulloso de un hijo que trae un reconocimiento que le han otorgado, cuánto no será el nivel de satisfacción, alegría y orgullo de un hijo, cuyo padre es un ganador. Eso hace que esa familia se convierta en una familia de campeones.

*«Los vendedores son competitivos por naturaleza. Cuando el líder hace las cosas bien le agrada saber si hay quienes pueden hacer lo mismo».*

Además de medallas, trofeos o cartas, el líder puede hacer mención y pedir un aplauso para el galardonado en las reuniones, invitar a los altos ejecutivos al reconocimiento semanal y mensual o crear premios tales como cenas, viajes, excursiones, boletos al cine, entradas a los juegos deportivos, etc., que no tienen valor pecuniario directo para el vendedor, pero sí poseen un valor emocional como ya he señalado, lo que lo coloca en una posición de respeto y admiración frente a su grupo. En vista de que las personas aman a quienes los reconocen, todos los premios o reconocimientos serán de mucha utilidad, y créeme, producirán un resultado mucho mejor que el que ejerce la presión indiscriminada.

## Uso de la competencia como medio de motivación

**A. *Planifica concursos de ventas*.** El hecho de que el líder de negocios reconozca a los miembros destacados de su equipo es una cosa, pero hay una manera de motivar a los vendedores de manera natural. Cuando un líder de negocios hace las cosas bien, le gusta saber que hay quienes las hacen igual. Los vendedores son, en su mayoría, competitivos por naturaleza. Los concursos de ventas no deben ser creados por otro departamento en la empresa, esto debe nacer del líder en primera instancia.

Después vendrán los grandes concursos o convenciones organizados junto con otras áreas competentes. No todas las empresas saben lo que es un concurso, pero si un gerente de negocios no los propone, nunca lo sabrán. La manera de organizar un concurso de ventas puede variar de una empresa a otra, pero el objetivo es poner metas mínimas de calificación y luego que los vendedores hayan calificado en esa meta, el ejecutivo que más ventas cobradas realice será el ganador del primer lugar; luego vienen las siguientes posiciones, con las mismas bases. De esta forma, aumenta la motivación y todos se ponen en movimiento con la finalidad de ganar la competencia o al menos calificar. Esto causa un efecto notable en los meses de concursos; las ventas se duplican y los vendedores duplican o triplican sus esfuerzos para ganar. Los premios para los concursos se definen, generalmente, junto a la parte financiera de la empresa. Cada premio debe traer una parte importante de ingresos que van directo a la compañía.

**B. *Promueve las convenciones de ventas*.** Las convenciones, a diferencia de los concursos, pueden llevar un tiempo aproximado de uno a dos años para la calificación. Un concurso se ventas no debe permanecer más de tres o cuatro meses. En las convenciones, se busca que todo el mundo gane. En los concursos, solo algunos lograrán las posiciones. Una convención de ventas no debe tener un periodo corto para la calificación porque le resta efectividad y conlleva un esfuerzo de organización extraordinario, así como la inversión financiera que es generalmente muy elevada.

Las convenciones son un medio fabuloso para que los vendedores disfruten de lugares donde no pueden asistir con sus propios recursos o no están acostumbrados. Cada convención puede tener matices distintos, pero las características generales consisten en establecer metas elevadas que se puedan ir cumpliendo bajo un sistema acumulativo, durante el tiempo establecido para el cierre de la calificación. Todos los miembros del equipo que logren llegar a la meta, ganan un viaje o reciben algún premio que sea verdaderamente atractivo y motivador. Los viajes no tienen que ser fuera del país, pero lo que sí es claro es que no debe ser en las instalaciones de la empresa. Se puede, por ejemplo, pagar un viaje a un resort todo incluido en otro estado o ciudad. Se puede incluir, además de un viaje, un sistema de reconocimientos con base en niveles alcanzados, con un premio en metálico.

**Publicitar una convención de ventas**

Es bueno saber que a las convenciones llevan un nombre y se realizan diseños con elementos que motiven y promocionen de manera eficaz dicha convención. Esto se hace durante un tiempo previo al cierre de la misma. Por ejemplo: «Convención Más Vida 2020». El nombre de la convención debe ser alusivo a la empresa o a temas sociales como el medio ambiente, la naturaleza, etc. Sin embargo, si tú como líder aprovechas el nombre de los fundadores o presidentes de la empresa, te estarán muy agradecidos y, además, motivados a apoyar con el presupuesto necesario.

Las convenciones de ventas generan en los asistentes un sentido de pertenencia en la compañía mucho mayor y por ende, producen un mayor compromiso. Quienes logran asistir a las convenciones, además de salir altamente motivados, crean una conexión extraordinaria con la organización. Debido a que la mayoría de convenciones son nacionales y dependiendo de la empresa pueden ser internacionales, los vendedores conocen a ejecutivos de ventas de otras ciudades o de otros países, lo que genera una sana competencia entre un equipo de un lugar y de otro.

Las convenciones fomentan el trabajo en equipo y el esfuerzo del individuo. Es de suma importancia que los altos ejecutivos de la empresa, en todas las áreas comerciales y financieras, asistan a la convención, pues esto fomentará el apoyo del dueño o presidente de la compañía al equipo de ventas. Recuerdo el «Concurso Presidente» cuando era vendedor de la Compañía Nacional de Seguros. Esta era una convención de ventas realizada cada año en honor al presidente de la aseguradora, don Máximo Pellerano. Uno de los plus que tenía la convención era saber que estaríamos compartiendo con don Máximo y que él entregaría las premiaciones junto a otros ejecutivos importantes de la compañía.

Varias veces, logré calificar y ganar en esas convenciones que eran maravillosas, contaban con una excelente motivación, promoción publicitaria dentro de la empresa y no solo en la fuerza de ventas. Toda la compañía estaba atenta a quiénes eran los vendedores y gerentes que calificarían o ganarían los primeros lugares, ya que había categorías tanto para el vendedor como para los líderes de negocios que eran varios, conocidos como agencias. Los premios que se daban eran cruceros, viajes a Disney World, a países de Sudamérica, etc. Esos eran algunos de los lugares donde se fijaban las convenciones y créeme que todo el que era vivo se apuntaba para eso, para lograr un viaje que pudiera hacer solo o junto a la familia, según el monto alcanzado en ventas cobradas.

Las fechas de las convenciones deben ser de manera preferencial durante los fines de semana largos o días feriados a menos que sean vendedores independientes que no cumplen un horario y no tienen pagos fijos por parte de la empresa. Otro punto de gran importancia es que las convenciones de ventas no deben ser solo para vacacionar, sino que deben incluir un sistema educativo y motivacional que mantenga a los vendedores enfocados en su productividad, en donde se presenten nuevos productos o se le dé mayor enfoque a alguna línea, en donde se presenten estrategias, planes y por supuesto, la gala de las premiaciones; de tal manera, que no se produzca un descenso, luego de la convención.

## Las convenciones de negocios

Algunas organizaciones realizan otros tipos de convenciones como el caso de los multiniveles o negocios de mercadeo en redes. En estas convenciones, se realizan métodos de premiaciones y/o reconocimientos que pueden incentivar la afiliación de nuevos socios y que, aquellos que están intentando alcanzar una meta para un nivel más alto se activen, de tal manera que se acerquen más a sus objetivos. Cada evento promueve un ambiente de crecimiento y motivación único e irrepetible, debido a que este negocio está basado en las relaciones personales. Aunque la venta es sumamente importante y no debe relegarse nunca a un segundo plano, la multiplicación en redes brinda un extraordinario empuje y esta multiplicación se realiza a través de las personas.

Un líder de negocios de multinivel, mercadeo en redes o network marketing deberá ser el primero en registrarse para las convenciones. Estas convenciones son organizadas generalmente por los que ya han llegado a un nivel superior; por lo tanto, tienen una perfecta claridad acerca de la importancia de estos eventos, pues han participado en múltiples y enriquecedoras experiencias antes de haber llegado a las posiciones donde están. Ellos saben cuán importantes son la motivación, el crecimiento, la educación y la provisión de un ambiente cargado de energía y entusiasmo, por lo que los líderes que les siguen deben poner todo su esfuerzo en seguir su ejemplo.

Las convenciones de network marketing o multinivel deben basarse principalmente en la educación y las oratorias que serán impartidas. Esto es muy importante porque los resultados de esta gran inversión se verán proyectados en base a lo que los asistentes escuchen. Un líder de negocios de multinivel además de asistir personalmente, debe buscar que todos sus socios asistan, ya que es un ambiente perfecto para que pueda descubrir qué les falta, revelar las interrogantes del negocio y aprender que no es algo de un solo grupo sino de miles de personas donde se pueden medir resultados. Tanto el líder como su equipo podrán darse cuenta de que no se trata solo de ganar dinero, sino que se engendre un lazo de unidad con la organización y un contacto directo con otros miembros, lo cual permite que se instaure ese sentido de pertenencia que existe en cada ser humano.

Para aquellos que forman parte del equipo de organización de un evento o convención, les animo a tomar en cuenta cada detalle, que haya dinamismo en los oradores invitados, que las intervenciones tengan fluidez, que haya una buena organización, un programa bien estructurado que no sea monótono o aburrido. Cada evento debe tener algo que lo distinga del anterior, tal vez el nombre, las dinámicas, la manera de presentar las premiaciones. En resumen, lo importante es que cada evento deje una huella especial en los asistentes.

Si vas a incluir oradores externos, trata de estar presente durante esas intervenciones para que puedas absorber todo lo que el conferencista dice. Si alguien te pregunta sobre lo que tal invitado dijo en la convención, es de muy mal gusto y envía una mala señal el hecho de que no lo sepas, por el simple hecho de haber estado ahí.

Generalmente, todos los organizadores están muy cargados con los detalles relacionados al evento, pero delega algunas funciones de tal forma que, como máximo líder, tengas al menos una idea de lo que otra persona que no pertenece a tu industria esté tratando.

De la misma manera, no te aísles, permite que los demás te vean y te saluden. Es importante proyectar que estar en los niveles avanzados produce exclusividad, lo cual lanza el mensaje de un status al que todos desean llegar. Sin embargo, esa exclusividad no debe proyectar una ausencia en las bases. Acércate a felicitar a los miembros de tu equipo que han logrado metas, si es posible en el momento, si no busca una oportunidad, pero no olvides de hacerlo. Recuerda que muchas veces una persona no se une a lo que hace, sino a por qué lo hace, pues en definitiva todos los que llegan, de una manera u otra, a la organización buscan cambiar sus vidas. Por tanto, es el rol de todo líder, como ya hemos escrito en capítulos anteriores, proveer seguridad a sus seguidores.

Lo repito reiteradamente: Un verdadero líder es aquel que saca del anonimato a sus seguidores para llevarlos a la cima. Como líder de negocios, te pido que no te quedes solo en la cima que has alcanzado, comparte porque no querrás sentirte solo.

## Seguimiento

> *«El seguimiento es una medida clave para el éxito de un negocio. Su estrategia de negocios de seguimiento pavimentará el camino para su éxito».*
>
> Jack Welch

El reconocido empresario dominicano, José Luis Corripio (Pepín) suele decir en sus intervenciones: «El destino de una empresa que se crea es la quiebra, a menos que sus dueños y gerentes hagan otra cosa». En las ventas, ocurre exactamente lo mismo. No hay posibilidad alguna de ver funcionar eficientemente un equipo de negocios, sin la participación del líder.

El líder de negocios es el capitán de una compañía de milicia. Sin el capitán, la compañía no se mueve o se mueve sin dirección ni resultado. Alguien debe estar en control de todo cuanto acontece. Alguien debe ser el núcleo o corazón del equipo y ese debe ser el líder.

Dar seguimiento es un asunto crucial en el trabajo del liderazgo. Para un líder eficiente, las cosas deben estar bajo control—cada detalle de su equipo, la velocidad con la que se desenvuelve el departamento de negocios, las facturas, los cobros, los nuevos productos, los reportes, las entregas, los objetivos de cada vendedor, los objetivos en base a productos, los objetivos del trimestre, las metas de rentabilidad, las devoluciones, el servicio al cliente, la visitas a clientes clave, las reuniones en los demás departamentos, etc. Un líder de negocios exitoso es seguimiento puro. Los detalles, en sentido general, no deben escapar al líder.

Debo mencionar la razón por la cual un gerente puede confrontar serios problemas en su carrera y eso es la falta de seguimiento. Cada reunión genera decenas de tareas y he visto mucha gente quemarse en esta materia que es elemental en principio, pero que requiere mucha disciplina para llevarla a cabo. Más que actividad, el gerente necesita disciplina para llevar a cabo esta gran tarea del seguimiento.

A continuación, me permito enumerar aquí algunas herramientas que me ayudaron a poder cumplir con cada uno de mis roles en el departamento de negocios. Jack Welch dice: «El seguimiento es una medida clave para el éxito de un negocio. Su estrategia de negocios de seguimiento pavimentará el camino para su éxito».

«*El trabajo en ventas es como el desierto. En un desierto siempre hay razones para quejarse: Hay mucha arena, mucho calor, las noches son muy frías, poca agua, en fin, nunca hay un panorama perfecto. Sin embargo, usted siempre debe seguir avanzando; si no, perecerá*».

**Dío Astacio**

**A. En primer lugar, hay que dar seguimiento a las ventas en objetivos.** Esto parece algo sencillo, pero lo cierto es que no lo es, pues hay que dar seguimiento a cada miembro del equipo de negocios, cada producto, cada zona, etc. Cada gerente tiene una manera de hacer este seguimiento, pero mi consejo es que se realice todos los días. No se debe dar tregua a los números porque los días pasan muy rápido. Una manera de hacerlo es calcular los objetivos en base a los días laborables que tiene el mes y eso es lo que he hecho, personalmente, durante años.

Técnicamente, cuando trabajamos los sábados, el mes cuenta con unos 21 días laborables aproximadamente, siempre que no haya días de fiesta u otra actividad que afecte. Luego de que tienes todos los días laborables del mes, debes dividir el objetivo mensual entre la cantidad de días laborables y hacerlo por cada uno de los miembros de tu equipo. Cuando puedas ver las ventas diarias y las compares con el objetivo diario, te darás cuenta si los objetivos se logran día a día. Muchas veces, las personas venden mucho un día y luego se detienen. Puede ser que, sin darte cuenta, pierdas esto de vista y te ilusiones pensando que todo va bien, hasta que te sorprende el fin de mes y encuentras una enorme diferencia entre la meta y lo que se vendió. Recuerda: Los objetivos se logran día a día.

**B. En segundo lugar, da seguimiento a los puntos tratados en las reuniones.** En las reuniones con los superiores, así como en las reuniones de equipo, se tratan innumerables puntos. Como la semana pasa tan rápido, puede que el líder no se dé cuenta de que no se ha resuelto ningún asunto de lo que se trató en la reunión anterior, hasta el momento en que se lleva a cabo la siguiente reunión. Por lo tanto, no se ha logrado nada. Por esto, sugiero a los líderes o gerentes de negocios que nunca asistan a una reunión con su líder inmediato, sin las herramientas para tomar notas.

Cuando tú como líder te presentas frente a un líder superior y no llevas notas, créeme que estás enviando una señal clara de que no tomas en serio el asunto. En cada reunión, se dicen cientos de cosas y quien toma notas puede dar seguimiento. No esperes que te envíen las minutas por e-mail o al otro día. Normalmente, quien está tomando las notas de la reunión no siempre toma todo lo que se dijo, y además tú puedes anotar detalles personales de cómo dar solución a un problema. Sumado a todo esto, en lo que llega la minuta, que muchas veces no se remite, podrás ir avanzando y adelantando algunos detalles.

**C. Da seguimiento a las solicitudes del equipo.** Hay muchas cosas que solicitan nuestros colaboradores, las cuales se pueden quedar, fácilmente, en el olvido. Veamos las cosas así: Tú, como líder, eres el responsable del servicio al cliente de tu equipo. Si no logras dar solución a sus solicitudes, esto se traducirá en que ellos no van a confiar en ti y eso reducirá tu productividad.

Voy a repetir la ilustración del pitcher de grandes ligas que tiene las bases llenas. Él debe estar al tanto de todo. No hay excusas para el fracaso. Este es un trabajo intenso, sofocante, desafiante, pero que produce grandes resultados, por eso lo elegiste. NO hay forma de hacer este trabajo bien hecho, sin la conciencia de todos nuestros roles en un equipo de negocios. Hay una frase que he repetido en mi experiencia y es la siguiente: «El trabajo en ventas es como el desierto».

En un desierto, siempre hay razones para quejarse: hay mucha arena, mucho calor, las noches son muy frías, poca agua, en fin, nunca hay un panorama perfecto. Sin embargo, tú siempre debe seguir avanzando, contra viento y marea; de otra forma, perecerás. En negocios, no siempre hay un panorama perfecto. Hay cientos de actividades y es lógico que algunas cosas no salgan bien. Si quieres quejarte, hazlo, pero no te detengas. Recuerda que mientras más te quejes, atraerás las cosas negativas y eso no te permitirá avanzar.

∽

*«Si compararan a los líderes de negocios con vehículos, nosotros seríamos Fórmula Uno».*

∽

Normandía fue un ejemplo perfecto de esto. Se sabe que aquella noche del 6 de junio de 1945, el ejército aliado, encabezado por Eisenhower tenía serias dificultades para tomar la decisión. No había garantía del efecto sorpresa, el viento era contrario, estaba nublado. Había cientos de razones para realizar el desembarque, tantas que Ike, como le apodaban al general supremo, escribió una nota de disculpas, anteponiéndose a la posibilidad de un fracaso, donde asumía toda la responsabilidad en caso de que las cosas no salieran conforme a lo planeado. Sin embargo, por encima de todo eso; decidió, junto a su equipo de generales, seguir adelante y arriesgarse. Gracias a esa decisión, Francia fue retomada y se dio el segundo golpe a las fuerzas de Hitler.

**D. Cierra los círculos.** Cuando iba a entrar a trabajar a Tricom, una de las compañías de comunicaciones en mi país, la señora Fior Pérez de King, otra de mis mentoras, me dijo lo siguiente: «Esta es una empresa muy intensa». Yo le contesté: «El soldado debe saber que la guerra siempre es intensa». Aun así, nunca imaginé cuán intensa era. Tenía que dirigir 10 equipos de negocios, con 10 gerentes en todo el país donde teníamos señal. Eran unos 120 vendedores y un equipo de soporte. Mi jefe inmediato, el señor Federico Villanueva, se caracterizaba por ser uno de los hombres más intensos que he conocido. Teníamos conferencias tres veces al día, a fin de conocer el resultado de los equipos y lo hacíamos con todos los directores de áreas. Era algo increíble, yo tenía que hacer lo mismo con mis equipos. Sin embargo, manejar toda aquella intensidad me ayudó a crecer y a ver la realidad de los equipos de negocios. Si compararan los gerentes de negocios con vehículos, nosotros seríamos Fórmula Uno.

∼

*«A los líderes empresariales les gusta saber que cuando ponen algo en las manos de uno de sus colaboradores, se cierra el tema».*

∼

El chasís de un líder de negocios es el seguimiento. Si tienes la capacidad para dar seguimiento a todos los detalles, te convertirás en un extraordinario líder de negocios. Es increíble la cantidad de personas que olvidan, de un momento a otro, sus obligaciones. En mi libro *Éxito integral,* hay una de las leyes que se llama la Ley de la Profundidad. Esta ley tiene la magia de revelar la superficialidad de las personas y como esto los convierte en seres humanos que se excusan por no encontrar o dar la solución a un problema planteado y, en la mayoría de los casos, sucede por falta de seguimiento. El no llegar hasta el fondo de una situación, no es otra cosa más que descuido.

Puedes dar cientos de razones, pero un líder que da seguimiento, lleva las cosas hasta el final. No deja los temas a medias, sin llegar a una conclusión que resuelva el asunto que se esté tratando.

Seguimiento es la capacidad de cerrar los círculos. Cada tarea en la empresa o en la organización a la que el líder pertenece es un circulo abierto y es normal que, entre tantos temas pendientes, algunos se queden abiertos. El líder de negocios exitoso trata de dejar la menor cantidad de temas pendientes. A los líderes empresariales les gusta saber que cuando ponen algo en las manos de uno de sus colaboradores el tema se cierra, se lleva hasta una conclusión y se dará una respuesta final del mismo.

El no hacerlo, irá restando puntos de confianza frente a los demás y un día, todos estos puntos estarán haciendo pasarela. Algo sumamente importante es que un gerente o líder de negocios que no concluye los procesos, no merece subir a una posición superior. Cuando a los superiores les toca escoger o recomendar a alguien para una posición de liderazgo, siempre tomarán en cuenta mucho más rápido a aquéllos que dan seguimiento y cierran círculos.

**E. *Da seguimiento a las llamadas telefónicas.*** Es algo común que algunas personas no devuelvan las llamadas telefónicas.

Este es un carente de inteligente y sentido común en todo el sentido de la palabra. Detrás de muchas llamadas telefónicas, se ocultan grandes negocios y soluciones a problemas que jamás imaginaste. Cada llamada telefónica es una posibilidad de negocios, pero también devolver las llamadas es un acto de buena educación y responsabilidad, puesto que los clientes, vendedores y personal de apoyo están al pendiente de si tú eres una persona que devuelve llamadas. Recuerdo que siendo un ejecutivo de la compañía de seguros más grande de ese entonces, llamé al presidente por teléfono. Yo apenas era un gerente. Jamás pensé que el mismo presidente me devolvería la llamada y para mi sorpresa, un día, entrando a mi oficina recibí la llamada. Habían transcurrido tan solo algunas horas desde el momento en que le telefoneé. Sin embargo, se disculpó y me dijo: «Siento no haber podido atender cuando me llamaste, me encontraba en una reunión, pero aquí estoy a tus ordenes». Para mí fue algo impresionante, era increíble que el presidente de la empresa me estuviera devolviendo una llamada. Hoy lo veo como algo normal, pero en aquel momento los celulares eran recientes y una novedad y el hecho de recibir una llamada en mi celular del más alto ejecutivo, alguien que se supone tiene demasiadas ocupaciones y muy poco tiempo, me dejó una gran enseñanza que trato de llevar a cabo en la medida de lo posible hasta el día de hoy: la cortesía de devolver las llamadas telefónicas.

F. *Seguimiento a las ocasiones especiales.* Parte de los detalles que debería tener un líder de ventas exitoso es estar presente en los momentos especiales de los miembros de su equipo. Por ejemplo, en una enfermedad ya sea de él o de un familiar, cumpleaños, aniversario de boda, bautismos, cuando fallece un pariente, etc. Cada aspecto en la vida de los miembros de tu equipo es fundamental de tomarse en cuenta.

Tengo fotos en mi boda con unos de mis antiguos jefes, el

señor José Zapata. Mi esposa que laboraba en un medio de prensa cuando nos casamos, también tiene fotos con sus jefes de entonces. Cuando fallecieron mis dos hermanos, líderes de negocios y mentores nuestros estuvieron allí. Se tomaron el tiempo para acompañarnos. Las personas van a valorar mucho el que su líder se dé tiempo para ellos. Por esa razón, hace ya muchos años, decidí ir a todos los lugares donde me invitaran mis colaboradores o donde me necesitaran como apoyo. Sin importar si era pequeño o grande, si era sábado o domingo; si había una ocasión especial y necesitaban de mi presencia, ahí estaba yo, en la medida de lo posible.

Soy pastor y en mi congregación siempre trato de hacer lo mismo. Casi siempre sorprendo a mi congregación, porque ellos, a veces, no esperan que acuda. Sin embargo, eso es lo que más me agrada de todo el asunto, sorprenderlos con mi llegada a pesar de la distancia, las dificultades, la hora o el mal tiempo. Siempre trato de estar con mi gente, así como con mi equipo de trabajo. Es algo muy gratificante y te animo a hacer lo mismo.

**G. Seguimiento a los inventarios.** No pierdas de vista los inventarios. Normalmente, el vendedor no tiene contacto con los que dirigen el almacén, pues el vendedor está en la calle. No obstante, el líder sí puede tener un control de lo que hay en inventario. De esta forma, tus vendedores solo tienen que comunicarse con su líder para saber qué pueden o no pueden vender. Un líder preocupado puede dar una voz de alerta de cuáles cosas no están en existencia. Además de esto, puedes verificar los productos que no tienen mucha salida y motivar ofertas y especiales, a fin de limpiar el almacén y poder abastecerlo con nueva mercancía, lo que además aumentaría las ventas. Si como líder te das cuenta de que hay un producto muerto, puedes combinarlo con otro de mayor demanda.

## Asumir los resultados

*«No le cuentes a otros tus dolores del parto. Muéstrales al niño».*

*Indira Gandhi*

∿

*«Los números hablan por sí mismos en términos de todo lo que hemos hecho».*

*Paul Rand*

∿

En una ocasión, en una granja de Centroamérica se hizo una prueba de laboratorio. Durante la noche, cuando las gallinas dormían se apagaban las luces, pero un día alguien decidió dejar las luces encendidas, descubriendo que las gallinas habían puesto más huevos. La noche siguiente, además de dejar las luces encendidas, la persona colocó música ambiental y las gallinas produjeron más huevos. Por último, puso luz, música y les dio a beber más agua y las gallinas pusieron aún más huevos. Más adelante, se retiró todo, apagaron las luces, pusieron el agua como lo hacían regularmente y quitaron la música y aun así, las gallinas continuaban poniendo más huevos. Descubrieron que lo más importante era que alguien estaba al pendiente, midiendo los resultados.

El líder de negocios es el responsable de los resultados en su unidad. Si son buenos o malos, en ambos casos, él es el responsable. Esta es una realidad que no podemos esconder. Los resultados no son producto de la casualidad, de la posibilidad, de un buen equipo, del tiempo, ni de buenos o malos productos.

Los resultados son responsabilidad del líder del equipo. Si llueve, tiembla la tierra o entra el mar, los resultados siguen siendo suyos. Entender esta realidad es algo que ayuda mucho en el camino del liderazgo, yo te lo garantizo. Lo más dañino en los negocios es que el líder no asuma su responsabilidad.

Veámoslo de esta forma: tú eres el líder y vas a la guerra con un grupo de soldados. No te dan buenas municiones, te asignan a los peores hombres y te envían a la parte más peligrosa del campo. ¿Cuál será el resultado? Depende de ti, de tu capacidad para asumir el problema y dejar de ser víctima. Las víctimas no resuelven nada. En primer lugar, asumiste el rol de víctima al aceptar que no te dieran municiones. A una guerra se va a pelear y sin municiones no se pelea. En segundo lugar, aceptaste a los peores hombres y con los peores hombres no se puede pelear. La verdad es que como jefe de ese batallón irías a una muerte segura y para que te mate el enemigo, mejor que te mate el amigo. La pregunta es: ¿qué hacer? Es exactamente de lo que estamos hablando, cuando se asume «yo soy el responsable» se definen los términos porque «yo solo acepto los trabajos que puedo cumplir». Si en el camino falta algo, ese será tu error, pues lo aceptaste de esa manera y luego que aceptas, sin duda alguna, eres el responsable por los resultados.

Cuando las cosas andan mal en los equipos, no podemos culpar a nadie. El líder es el responsable, puesto que debió estar pendiente de todos los detalles. En ventas no hay culpables, hay responsables y el primero es el líder. Se cuenta la historia de un líder de negocios que estaba regañando a todo el equipo porque tenía más de seis meses que no cumplía con los objetivos. Uno de los vendedores se puso de pie y dijo lo siguiente: «Jefe, yo vengo del deporte y en ese mundo cuando un equipo no gana solo hay un culpable, el manager». Ese es el ejemplo correcto, cuando las cosas no van bien, el único responsable es quien dirige.

## Cinco acciones que toma un líder que asume resultados

A. **Definir los términos.** Hablar de resultados es algo muy amplio. La pregunta es: ¿cuáles son los resultados esperados? Esos resultados deben estar bien definidos y deben establecerse de forma clara y por adelantado; de lo contrario, nunca habrá satisfacción en ninguna dirección. Algo importante que el líder de negocios debe hacer es dejar establecido, con claridad microscópica, cada detalle sobre los resultados esperados. Créeme que sé lo que te estoy diciendo. Cada dueño de empresa tiene expectativas diferentes. Si el líder de negocios no aclara cada aspecto sobre lo que se espera es como dar a un blanco en constante movimiento. Al definir los términos, hablamos de los objetivos específicos que la organización espera que se logren con el equipo de negocios. Aprende a discutir los objetivos con claridad y firmeza.

Como líder, tú no puedes aceptar un reto que no puedes cumplir. Lucha para que estos objetivos o metas sean razonables, adecuados y posibles. No tengas miedo en pelear un objetivo, ten miedo de no cumplirlo. Es una técnica de algunos dueños de empresas hacer al líder de negocios aceptar un objetivo imposible, pero ellos tomarán eso como pretexto para no otorgarle ningún beneficio adicional. Todo tu trabajo y reputación dependen del cumplimiento de estos objetivos y si no sabes discutirlos, siempre quedarás mal. Esto no tiene que ver con la calidad del equipo, tiene que ver con que la cerca está muy alta y no la podrás atravesar. Es por ello, que cuando vayas a aceptar un objetivo, sé muy radical, pues de ahí en adelante, te conviertes en prisionero de tus propias palabras.

Nunca digas todo lo que vas a hacer, siempre deja un margen. De esta forma, se cubre y se muestra tu desempeño con mayor eficiencia. Si prometes cosas que luego no puedes cumplir, tu palabra quedará en entredicho. Siempre dije que establecer un resultado es algo muy complejo y que cuando estamos dirigiendo negocios dar en el blanco exacto sobre el objetivo de un año a otro es algo sumamente complicado y si el líder no lo sabe establecer con el nivel esperado, los resultados pueden ser muy vagos. Recuerda que nadie va a juzgar que quien estableció los objetivos se equivocó, a quien van a juzgar es al líder de negocios que no cumplió con lo establecido.

∼

*«Cuando un líder de negocios no cumple, impacta directa y negativamente a todas las áreas de la organización donde se desempeña».*

∼

Todo lo que la empresa proyecta tiene que ver con los objetivos de ventas. Por tal razón, cuando el líder de negocios no los cumple, impacta directamente a otras áreas. Si los miembros del equipo de negocios asumen un objetivo de ventas, los encargados del área financiera cuentan con el cumplimiento del mismo y hacen presupuestos de gastos basados en estos resultados proyectados. Esta es la razón por la que aceptar objetivos que no han sido considerados es sumamente peligroso, pues toda la empresa descansa sobre los hombros de Negocios. Me encanta la frase de José Saramago que dice: «Somos la memoria que tenemos y la responsabilidad que asumimos, sin memoria no existimos y sin responsabilidad quizá no merezcamos existir».

**B. Elegir tu equipo.** El líder que asume los resultados debe elegir el equipo adecuado para hacerlo. No puedes lograr el éxito si no te rodeas de gente que cumple. Por tal razón, cuando vayas a asumir un compromiso, debes exigir la libertad para escoger a las personas que van a lograr esas metas contigo. Este es un punto que debes negociar.

Normalmente, esta es una decisión que debes tomar antes de asumir la posición, aunque en las empresas tradicionales esto no siempre es posible, a menos que se esté creando una nueva fuerza de ventas, una ventaja que poseen los líderes de negocios de organizaciones independientes y que es algo constante. Sin embargo, lo que trato de mostrar es que muchas personas aceptan un puesto de trabajo sin ningún tipo de condición y es como si dijeran a todo que sí, sin exigir nada para el logro de sus objetivos, pues no están conscientes del rol que están asumiendo.

Martín Lutero dijo: «Usted no es solo responsable de lo que dice, sino también de lo que no dice». Si no dices la gente que quieres en tu equipo, no podrás quejarte mañana de lo que tienes y te ocurrirá como al soldado que enviaron a la guerra con el peor batallón. Simplemente, debió haber dicho que con ese batallón no iba y debió al menos negociar que le transfirieran a algunos hombres. ¿Sabes por qué? Porque un comandante más agresivo y consciente de su rol es más proclive a obtener la victoria, pero si no hace los ajustes a tiempo, definitivamente fracasará. En ese sentido, si no es posible que elijas a tu fuerza de negocios, al menos intenta que se te permita evaluar a cada uno y tomar decisiones al respecto.

**C. Pedir tus herramientas.** El que sabe lo que va a hacer, sabe lo que necesita. Si no pides las herramientas adecuadas, no podrá realizar tu trabajo con eficiencia. Por tanto, como líder de negocios, debes hacer un presupuesto de lo que requieres para cumplir con tu rol y tu objetivo. Estas herramientas, generalmente, se consiguen al principio, puesto que luego de unas semanas, habrá prescrito el tiempo para exigir condiciones y aunque en algunas ocasiones aparecen, lo normal es que resulte mucho más difícil, puesto que ya se ha perdido el poder de negociación.

Por ello, debo advertirte que, al tiempo que se asume un objetivo, se deben solicitar las herramientas necesarias para lograrlo. No aceptes un empleo como si estuvieras mendigando algo, ya que por supuesto que los resultados dependerán mucho de tu poder de negociación. También puedo decirte que con el simple hecho de que te contraten, se te está otorgando poder para negociar y no tiene nada que ver el que sea urgente conseguir ese empleo, aun te sea muy necesario obtenerlo. Pide las herramientas correspondientes. Cuando la compañía te contrata, espera que exijas, porque quien exige, cumple con su rol y demuestra que sabe lo que hace.

Si eres tú el responsable de obtener esas herramientas, no des largas, búscalas y trata de tenerlas completas. Por eso hay que tener muy claro quiénes somos y de qué somos capaces.

*Las herramientas de trabajo potencializan tus resultados*

Me gusta trabajar la madera. Hace un tiempo, para trabajar con madera me valía de un serrucho, un instrumento muy útil, pero muy difícil de usar. Para algún tiempo, supongo que fue una tecnología. El uso del serrucho me alejó de la madera, pero un día decidí comprar una sierra. A pesar del peligro que representa para mí, puesto que no soy un experto, he podido lograr que las cosas que me tomaban horas hacerlas con el serrucho, sin contar el desgaste y el agotamiento, con la sierra me resulten más fáciles, las hago en minutos. Esto hace una diferencia enorme en tiempo, precisión y ánimo. Lo cierto es que el uso de las herramientas correctas va a permitir que el líder de negocios salga adelante, con mayor facilidad, en el cumplimiento de los objetivos.

**D. Exigir tu recompensa.** Las personas que cumplen, piden su recompensa. En mi libro *Las 7 armaduras de un vencedor de gigantes*, toco este punto de manera extensa, hablando de la armadura de la motivación. El pequeño David, al momento de matar al gigante, preguntó lo siguiente: «¿Qué me darán si mato al gigante?». Las personas que van a cumplir con sus objetivos de negocios, piden su recompensa. No siempre estarán dispuestos a dártela, pero el líder de negocios exitoso plantea bonos por cumplimiento de objetivos o solicita una recompensa por un esfuerzo extra. Todo esfuerzo extraordinario merece una recompensa, pues como dijo alguien por ahí: «sin dolor no hay recompensa». Exigir una recompensa no nos hace metalizados, simplemente nos hace seres responsables y capaces de mostrar que estamos dispuestos y vamos a cumplir con lo prometido. Como líder de negocios, debes ilusionarse con algo que verás al final de tu trabajo, ese algo estará supeditado al cumplimiento de los objetivos. Si la empresa no está dispuesta a recompensarte; entonces, hazlo tú mismo, pero busca tu recompensa.

**E. Asumir las consecuencias.** Aquel que no asume las consecuencias, deberá enfrentar las penalidades que vienen a causa de esta tremenda falta. Más que cualquier otra cosa, un buen líder ha sido contratado para cumplir con los objetivos y obtener buenos resultados. Si nos los cumple, la empresa tiene todo el derecho de amonestarlo, incluso liquidarlo. Así que, no esperes que esto pase, simplemente haz lo que tienes que hacer. Asume las consecuencias como algo que no permite excusas.

## «Las acciones se miden por sus consecuencias».

Si diriges un equipo de negocios independiente y estás al borde del precipicio con los objetivos, solo hay una opción: Marchar al frente, pues no hay excusas. No habrá a quien culpar, por lo que un líder exitoso debe estar consciente de que los resultados pueden estar en el punto extremo de ese precipicio, por lo que debe seguir hacia delante hasta tomarlos. De lo contrario, se caerá con ellos y la culpa será de quien él entienda, pero lo real es que el que cayó al precipicio fue él. Como dijera Robert Green Ingersoll: «En la vida no hay premios ni castigos, sino consecuencias».

El asumir proactivamente los resultados es algo que no se puede negociar de ninguna manera. No hay excusa satisfactoria cuando de resultados se trata. En ese sentido, es bueno que como líder entiendas que tu equipo solo logrará los resultados si tú los asumes. Es determinante que cada persona del equipo sepa que pagará las consecuencias de no cumplir con sus objetivos. Sin embargo, el punto no es demostrarles que van a ser amonestados, sino motivarlos para que esto no tenga que ocurrir.

No obstante, siempre que un miembro del equipo no cumpla consistentemente, el líder deberá poner un ejemplo para que los que hacen lo correcto observen la diferencia entre el que cumple y el que no lo hace. Si el líder no manda señales contundentes de que quien no cumpla, pagará las consecuencias, el equipo se llenará de personas incumplidas.

Las reuniones semanales o diarias buscan, primero que todo,

medir los resultados y hacer evaluaciones sobre los mismos. Recuerda que el trabajo de ventas y la dirección de equipos es una actividad intensa y en medio de la intensidad y actividad diaria, muchas cosas pueden pasar, perdiéndose de vista los asuntos más importantes del negocio, y uno de ellos es medir los resultados y compararlos. No hay motivación para los vendedores, si no saben cuánto han vendido. Por eso, hay que medir con exactitud los resultados. Esos resultados deben ser presentados en las reuniones de cada semana y ser mostrados a todos, de manera tal que cada uno sepa lo que ha logrado y pueda compararse con los demás miembros del grupo.

## Planificación

> «La planificación a largo plazo no es pensar en las decisiones futuras, sino en el futuro de las decisiones presentes».
>
> Peter Drucker

> «Un plan no es nada, pero la planificación lo es todo».
>
> Dwight D. Eisenhower

Puedo decir, sin temor a equivocarme, que una de las áreas que más me desafío a dominar es la planificación y eso tiene que ver con mi espíritu de vendedor. Sin embargo, también debo admitir que lo único que logro hacer con un óptimo resultado es aquello que planifico. Sin planificación, no hay manera alguna de ser un líder de negocios exitoso. Miguel Cervantes dijo: «El hombre que se prepara, tiene media batalla ganada».

Hay varios desafíos que tenemos que vencer para planificar, el primero de ellos es nuestra formación. No todos hemos sido criados en un ambiente en el que la planificación es un valor. De hecho, los países desarrollados crían a sus habitantes influyendo en mayor o menor medida sobre el valor de la planificación. Se dice que los alemanes planifican para diez años, los estadounidenses para cinco y los latinos para uno. No hay un estudio científico que avale eso, pero lo cierto es que los hechos nos muestran algunos resultados que coinciden.

Como líder de negocios, se hace muy necesario ver el negocio a largo plazo, y es ahí donde queremos entrar con este tema, que entendamos que cuando planificamos nuestro trabajo y el de nuestro equipo, los resultados se multiplican por diez. Recuerda esta frase de Alan Lekein: «No planear es planificar el fracaso». Por consiguiente, vamos a enfocarnos en algunos puntos que deben ser fundamentales para nosotros, en nuestra función de dirigir un equipo de negocios, a continuación.

**Planificación del presupuesto de ventas**

El profesor Raymond O. Loen escribió un artículo muy interesante sobre el gerente de negocios, donde dice que el líder de ventas debe dirigir, no actuar. Como dije al principio, es muy fácil dedicarnos a actuar y olvidarnos de los aspectos que tienen que ver con la dirección del negocio. En una tabla, Loen expresa las diferentes áreas en las que tiene que involucrarse el líder cuando está dirigiendo. A continuación, presento un cuadro de los aspectos relacionados con las acciones de un líder de negocios.[5]

| Planificación | Dirección | Control |
|---|---|---|
| Pronóstico | Supervisión | Medición |
| Objetivos | Delegación | Evolución |
| Organización | Motivación | Corrección[5] |
| Políticas | Coordinación | |
| Procedimientos | Asesoramiento | |
| Programas | Nombramientos | |
| Calendarios | Adiestramientos | |
| Normas | | |
| Presupuesto | | |

5    Raymond O. Loen. Harvard Business Review, Sales Managers Should Manage. Traducido por Publicaciones Ejecutivas de México, S.A.

Si observamos, los dos aspectos que encabezan la lista de la planificación son el pronóstico y los objetivos. De eso se trata el presupuesto, se debe tener un pronóstico de cuáles serán los resultados a lograr al finalizar el siguiente año. Este año se divide en cuatro trimestres y, desde luego, cada trimestre en los meses correspondientes.

Es importante saber que no todos los meses son iguales ni en cantidad de días ni en flujo de ventas. El mes de enero, por ejemplo, es un mes donde los primeros días suelen tener un comportamiento de ventas menos eficiente por cuanto las personas empiezan a trabajar a partir del cuarto o el quinto día del mes. Un dato importante a tomar en cuenta es la industria en la que te desempeñas, pues no todas las industrias tienen el mismo comportamiento.

~

**«*Los objetivos no son órdenes, son compromisos. No determinan el futuro, sino que son el medio para mover los recursos y las energías de una organización como objeto de crear el futuro*».**

Peter Drucker

~

Ahora bien, la pregunta es: ¿cómo saber qué meses son donde habrá más o menos flujo de ventas? La respuesta se encuentra en el historial de ventas de los últimos años. Hacer un cuadro que contenga los últimos 5 años de los resultados mensuales de las ventas por productos, te permitirá darte cuenta. Verás un comportamiento similar cada mes. De lo que se trata es de ir a las estadísticas, pues ofrecen información relevante para construir un pronóstico de lo que acontecerá en los próximos años, a menos que hagas algo que cambie ese pronóstico y es precisamente por eso que se hacen los planes.

## Análisis de los primeros trimestres

| Año | Enero | Febrero | Marzo | Abril | Mayo | Junio |
|---|---|---|---|---|---|---|
| 2010 | 2.500.600,00 | 3.000.000,00 | 3.400.000,00 | 2.800.000,00 | 2.900.000,00 | 3.500.000,00 |
| 2011 | 2.800.600,00 | 3.200.000,00 | 3.800.000,00 | 3.000.000,00 | 3.500.000,00 | 3.700.000,00 |
| 2012 | 3.000.600,00 | 3.400.000,00 | 4.400.000,00 | 3.200.000,00 | 3.900.000,00 | 4.100.000,00 |
| 2013 | 3.200.600,00 | 3.600.000,00 | 4.800.000,00 | 3.500.000,00 | 4.300.000,00 | 4.300.000,00 |
| 2014 | 3.500.600,00 | 3.800.000,00 | 5.200.000,00 | 3.800.000,00 | 4.600.000,00 | 4.600.000,00 |
| 2015 | 3.900.600,00 | 4.200.000,00 | 5.500.000,00 | 4.200.000,00 | 4.900.000,00 | 4.700.000,00 |
| 2016 | 4.200.600,00 | 4.500.000,00 | 5.900.000,00 | 4.600.000,00 | 5.100.000,00 | 4.900.000,00 |

Hacer un vaciado de los números en un cuadro como el anterior permite comparar mes por mes y año por año, lo que ayuda a predecir el pronóstico para el año siguiente, a menos que se presenten elementos fundamentales en el ambiente como elecciones, catástrofes naturales, etc.

Las estadísticas siempre revelarán los datos necesarios para hacer una mejor planificación de los objetivos. Si observas bien el cuadro anterior, te darás cuenta de que las cifras de un mes a otro son parecidas todos los años y aumentan en los intervalos similares de un año a otro. Esto predice que los intervalos de cada mes serán parecidos, es decir, las ventas de cada mes tienen un ritmo de incremento que en este caso es de unos 200 mil pesos en promedio. Con la ayuda de un especialista en finanzas se puede predecir con un alto nivel de exactitud cuánto se va a vender cada mes y, por consiguiente, poder hacer un presupuesto de ventas basado en realidades objetivas, no en las suposiciones de otros ni con base en las emociones.

Hay métodos mucho más científicos que estos para hacer pronósticos de ventas que pueden utilizarse, puesto que esto mismo debe llevarse a productos, a zonas, a vendedores y hacer luego los mismos análisis.

**Variables que impactan el pronóstico**

Hay algunos elementos que pueden alterar el comportamiento del pronóstico como son:

a. Eliminar o introducir nuevos productos.

b. Nuevos mercados.

c. Ampliación del departamento de negocios.

d. Cambios en la política económica del país.

e. Cambios en la industria.

f. Cambios internos en la organización.

g. Competencia.

h. Economía mundial y nacional.

Debo expresar que los expertos en este tipo de análisis son especialistas en finanzas y ellos pueden ayudar mucho más; no obstante, lo importante es que el líder no se deje sorprender aceptando números fuera de todo pronóstico. Por ello, aunque esto parezca un poco complicado, es algo en lo que debes profundizar.

**El cronograma de actividades**

Una de las herramientas más eficientes en la planificación es el cronograma de actividades. Al preguntar a un líder de negocios si va a lograr la meta, te dirá que sí, pero si le preguntas cómo, casi nunca lo dice y si le preguntas cuándo, mucho menos. Esto es porque los líderes suelen ser personas prácticas y los cronogramas son un tema complejo para la gente de acción.

Siempre exijo a mi gente que junto con el qué, me digan el cómo y algo específico es tener un cronograma de trabajo que envuelva el año completo, a fin de ser predecible con los resultados. Sin el cronograma, sería como disparar a muchos blancos al mismo tiempo. La excelencia sin un plan es una casualidad. Puedes lograr muchas cosas actuando nada más, pero la planificación te ayuda no solo a lograr objetivos, sino a llevarte al éxito.

Al establecer un tiempo para cada área y definir la fecha exacta en la que se realizará la actividad, se puede decir que existe una real posibilidad de que la tarea sea ejecutada. Para hacer un cronograma, lo primero que hay que tener en mente es un objetivo claro en las distintas áreas de trabajo que hemos planteado. Por ejemplo, la motivación, la formación, el seguimiento, el control, los resultados, etc. En cada una de estas áreas, hay que tener un plan en función del tiempo.

| Actividad<br>Mes | Reclutamiento | Formación | Motivación | Control | Planificación |
|---|---|---|---|---|---|
| **Enero** | Entrevistas días miércoles 4:00 p.m. 1. 8. 17. 20 | Cursos días 2, 4:00 p.m. Salón A. | Viaje a la playa Integración dia 23 | Reunión semanal lunes 5:00 p.m. | Revisión del plan Día 20 |
| **Febrero** | Entrevistas días miércoles 4:00 p.m. 1. 8. 17. 20 | Curso de relaciones humanas | Cine Forum Película: Ruddy | Reunión semanal lunes 5:00 p.m. | Revisión del plan Día 20 |
| **Marzo** | Entrevistas días miércoles 4:00 p.m. 1. 8. 17. 20 | Curso de técnicas de ventas | Lanzamiento de Concurso de ventas | Reunión semanal lunes 5:00 p.m. | Revisión del plan Día 20 |

Este es un modelo muy simple de un cronograma. Hay cientos de modelos y cada líder puede hacer el suyo. La idea es que puedas, de alguna forma, proyectar el tiempo y hacer planes a largo plazo. Lo importante es que se plasme cada área de trabajo para los próximos meses.

Esta herramienta de trabajo te ayudará a ser mucho más eficiente y a tener la mente libre para tomar decisiones oportunas, puesto que cuando sabemos lo que vamos a hacer con anticipación, tomamos decisiones más acertadas y enriquecedoras.

¿Cuáles son las áreas más urgentes que un gerente debe evaluar al momento de la planificación?

- Análisis del cumplimiento actual.

- Proyección para el próximo año.

- Planificación de las todas las tareas gerenciales.

- Reclutamiento.

- Motivación.

- Formación.

Recuerda que lo que no planificamos, no lo podemos hacer. Sin una buena planificación nuestros resultados serán inconstantes, desorganizados y poco sostenibles. En función de la ley de la relatividad, el gerente de negocios maneja una cantidad de información y de acciones que crea la percepción de que el tiempo pasa más rápido. En realidad, pasa igual que para todos. Ahora bien, lo que sí es cierto es que, si no hacemos un uso adecuado del mismo, cuando nos demos cuenta, habremos perdido un mes de trabajo.

*Líder de negocio exitoso*

«*Acepta la responsabilidad de tu vida. Date cuenta de que tú eres quien va a llegar a donde quieres ir, nadie más*».

*Les Brown*

# Capítulo Cinco

## Cinco cualidades de un líder de negocio exitoso

### No. 1 Coraje

«*El coraje no siempre ruge, algunas veces solo es una silenciosa pero poderosa voz interior que dice:* «*Mañana lo volveré a intentar*».

*Anónimo*

Esta es una palabra que no suena fonética ni cómoda para muchas personas. Sin embargo, si has de ser un líder de negocios y no sabes lo que esta palabra representa en tu trabajo, debo advertir que es una pócima que necesitarás mucho si quiere tener éxito en esta carrera.

Como dijo Nelson Mandela: «Aprendí que el coraje no es la ausencia de miedo, sino el triunfo sobre él». El hombre valiente no es aquél que no siente miedo, sino el que conquista ese miedo. El líder de negocios necesita mucho coraje para enfrentarse a ciertas situaciones, como son las siguientes:

**Liderar con vendedores difíciles.** Hay momentos en los que los vendedores van a intentar doblar el pulso de su líder y dominar la situación. Sobre todo, los vendedores buenos pueden ser muy dominantes. Si no tienes coraje para hacer valer tu punto de vista, perderás el respeto de los demás vendedores, de la gerencia y de ti mismo. Es importante que al dirigir al equipo puedan ver que valoras su capacidad de trabajo y su derecho a expresarse, pero que entiendan que hay un líder en el grupo.

No importa cuán bueno sea el vendedor, es fundamental que el líder pueda demostrar, con su actitud, que tiene coraje para defender un punto de vista y el coraje para admitir cuando está equivocado sin que esto se vea como una debilidad. Kirk Douglas dijo: «Para conseguir cualquier cosa, debes ser lo suficientemente valiente para fracasar» y esto porque cuando un líder enfrenta a un buen vendedor podría perderlo. Si vas a confrontar a un vendedor, hazlo con delicadeza como lo harías con cualquier otra persona. Tomando en consideración que él podría tener un punto de vista sembrado en un montículo del orgullo, el líder deberá calcular los riesgos, pero nunca eliminarlos haciendo la graciosa huida. Hay que ser valiente y dar la cara a todo lo que es incorrecto.

***Interactuar con la alta gerencia.*** Las personas que no son capaces de establecer sus puntos de vista no tendrán el respeto de la alta gerencia. Las empresas son espacios de debate y donde no todo lo que se hace o se dice es una verdad absoluta. Muchas de las cosas que dispone la alta gerencia pueden ser analizadas, debatidas y a veces cambiadas. Si tú, como líder, no tienes el valor de diferir sobre algunos puntos que entiendes que no son convenientes para el equipo, la compañía o tú mismo, entonces podrías caer en el riesgo de que te den el trato de una persona inferior, sin personalidad y a quien siempre le darán lo que otros rechacen, te podrían enviar a lugares donde nadie quiere trabajar o te darán el peor equipo. Incluso, podrían asignarte objetivos por encima de tus posibilidades solo porque tú eres una persona que no tiene la valentía de decir que no.

Al aclarar este punto, deseo agregar que la manera en la que dices las cosas no representa la valentía o el coraje, y que ser asertivo nos da la libertad de decir lo que debemos decir, pero siempre sin ofender ni faltar el respeto a ninguno de tus interlocutores.

**Asumir los errores de tu grupo.** Las personas cometemos errores y lo hacemos con más frecuencia de lo que desearíamos. Un buen gerente debe estar listo para detectar esos errores, corregirlos y asumir que todo lo que pasa en su grupo es su responsabilidad. Un gerente que siempre echa la culpa de los inconvenientes a su equipo no es visto con buenos ojos, puesto que se exime de toda responsabilidad. Eso se percibe como un acto de cobardía. Lo lógico es que si asumes el triunfo de tu equipo como un logro personal, lo cual es más fácil que ocurra, puesto que de los triunfos siempre queremos una tajada, entonces también acostúmbrate a asumir los fracasos.

**Defender el espacio de tu gente.** Recuerdo cuando trabajaba en una compañía de telecomunicaciones. Teníamos numerosos conflictos con el personal de servicio al cliente. Todos los casos que llegaban a las oficinas siempre señalaban a los vendedores como responsables de no dar la información adecuada a sus clientes, sin embargo, también había muchos clientes que se aprovechaban del espacio que les abrían las oficinas para decir que el vendedor no hizo su trabajo. Esto trajo muchas fricciones y tuvimos que defender, en muchos casos, a nuestros vendedores para que no perdieran su empleo. En vista de que es muy normal que la soga se rompa por lo más fino y si los vendedores no tienen quien los defienda, muchos problemas que tienen que ver con otras áreas de la empresa van a terminar siendo su responsabilidad al tener que pagar los platos rotos de otros departamentos. Cuando la fuerza de ventas sabe que su líder es una persona justa y que está dispuesto a tomar riesgos por ellos, entonces se comprometerán al cien por ciento.

### No. 2 Paciencia

*«El líder maduro manejará las provocaciones y caminará sobre ellas sin que esto le afecte, porque lleva en su cuerpo marcas que le recuerdan las consecuencias de la impaciencia».*

*Dío Astacio, Las 7 cicatrices del líder*

Su padre le dio una bolsa de clavos y le dijo que cada vez que perdiera la paciencia, debería clavar un clavo detrás de la puerta. El primer día el muchacho clavó 37 clavos detrás de la puerta. Las semanas que siguieron, a medida que él aprendía a controlar su genio, clavaba cada vez menos clavos detrás de la puerta, y descubrió que era más fácil controlar su genio que clavar clavos detrás de la puerta. Llegó el día en que pudo controlar su carácter durante todo el día. Después de informar a su padre, éste le sugirió que retirara un clavo cada día que lograra controlar su carácter. Los días pasaron y el joven pudo finalmente anunciar a su padre que no quedaban más clavos que retirar de la puerta. Su padre lo tomó de la mano y lo llevó hasta la puerta. Le dijo: «Has trabajado duro, hijo mío, pero mira todos esos agujeros en la puerta, nunca más será la misma. Cada vez que tú pierdes la paciencia dejas cicatrices exactamente como las que aquí ves».[6]

Un líder de negocios de éxito debe intentar cultivar la paciencia, básicamente, porque la va a necesitar. De la misma forma que necesita coraje, necesitará paciencia; de lo contrario, su trabajo podría convertirse en un caos de la noche a la mañana. Está visto

---

6   Historia anónima.

que todo lo que tiene que ver con interactuar entre personas requiere una alta dosis de paciencia.

*Paciencia con los vendedores.* En algunas ocasiones, nuestros colaboradores asumen posiciones un tanto infantiles, a veces agresivas y otras veces con muy bajo nivel de responsabilidad. No obstante, necesitaremos paciencia para poder mantener el equipo en los niveles de productividad adecuados. La razón fundamental por la que somos líderes es porque hemos madurado por encima del promedio para resolver conflictos con el equipo. Es esta la razón por la que no todos los buenos vendedores pueden ser gerentes. La manera en la que tú manejas los temperamentos difíciles, las soluciones que ofreces a los conflictos son las que definen tu temple de líder. Si pierdes el control cuando alguien lo pierde, entonces no podrás ser un líder de negocios exitoso. El manejo de tu carácter es lo más importante para mantener la unidad del grupo y si te dejas provocar, te conviertes, automáticamente, en un líder explosivo y poco confiable y esto es lo que debe diferenciarte de un vendedor: tu capacidad para ver y manejar las cosas desde una perspectiva ecuánime y distinta. De hecho, esta es la razón por la que muchos vendedores nunca pueden ser gerentes, por su creencia de que vender mucho es lo único que importa, dejando atrás algo mucho más importante: mostrar que pueden dirigir personas y lograr que sean productivas y dinámicas, al tiempo que pueden comprenderlas en su ambiente.

*Paciencia con el desempeño del equipo.* Si piensa que todos los miembros producen igual está equivocado e incluso un mismo consultor de negocios o vendedor puede tener ciclos productivos diferentes; en un mes produce bien y en otro puede estar muy por debajo de su propio promedio. Otro aspecto para contemplar es el hecho de la productividad de los nuevos incorporados que no siempre crecen conforme a nuestras expectativas. Hay unos que el primer mes de ingreso tienen un desempeño importante, empero otros tienes que esperar hasta seis meses para poder ver sus mejores resultados. El punto aquí es saber cuándo poder dar la oportunidad a las personas que no muestran el desempeño esperado.

Es un reto para el líder de negocios poder tener la paciencia para verlos crecer y apoyarlos en ese crecimiento, sin mostrar ansiedad o molestia y al mismo tiempo, comunicar que es urgente que alcancen el nivel deseado. Es para esto que se requiere la paciencia, para poder estar al lado del pequeño que sube, del grande que se cae y producir la sinergia en un grupo de personas con desempeños totalmente distintos.

*Paciencia con los clientes.* Otro aspecto en donde vas a requerir de paciencia suprema es al tratar con los clientes, sobre todo aquéllos que piden cosas con las que es imposible complacerlos. ¿Por qué tú eres el líder? Porque puedes lograr que la compañía tenga una buena imagen frente a situaciones que otros no podrían manejar. Esta capacidad se pondrá a prueba en la manera en la que puedas dejar conforme al cliente, sin perjudicar a la compañía. Al manejar las situaciones con los clientes de una forma correcta, atraerás confianza a la alta gerencia y tu nombre se irá haciendo popular por el hecho de que te muestras como una persona confiable y estable en el manejo de las relaciones. Los mejores clientes pueden lograrse a partir de situaciones de conflictos que se han manejado correctamente.

*Paciencia con los superiores.* Una de las pruebas de fuego que tendrá todo líder de negocios es poder recibir con paciencia las embestidas de algunos jefes en situaciones en las que no tienen la razón. Si ellos tienen la razón, aunque digan cosas fuera de lugar, tú podrías pasar por alto algunas actitudes; pero cuando no tienen la razón, se produce un sentimiento de impotencia, puesto que sabes que tienes la razón y te tratan como si no la tuvieras.

Es precisamente en momentos como esos donde se requiere poner en funcionamiento el arte del dominio propio. Por muchas razones, quienes dirigen, prueban de manera constante el carácter de sus subordinados. Otras veces juegan con la incapacidad de poder tolerar algunas cosas y hacen todo lo posible por incomodarte. En otras situaciones, están muy convencidos de tener la razón con lo que plantean y no aceptan que se les contraríe fácilmente solo porque sí. Finalmente, hay veces en las que ciertamente tienen la razón y el tiempo se encarga de hacerle ver al gerente que su jefe efectivamente tenía la razón, por lo que fue sabio mantener la paciencia.

Un consejo que deseo darte es que no permitas que los temas de trabajo pasen a un nivel personal. Deja algunas cosas en la parrilla; parece que se van a quemar, pero no ocurrirá. Si te piden algo que no es moralmente cuestionable, aunque parezca ilógico, poco razonable e innecesario, no te desesperes. A veces, las cosas menos racionales pueden ser un éxito.

Ten paciencia para aceptar cosas que no has visto y que no entiendes. No siempre tenemos que entenderlo todo. En cientos de ocasiones, estuve opuesto a posiciones que tomaron quienes fueron mis superiores y para mi sorpresa, resultó que tenían la razón. Esta experiencia me hizo acuñar una frase que me ha sido de mucho valor y me ha hecho mucho bien en la labor de asesoría que realizo en distintas empresas: «Los jefes también piensan». Suena como un chiste, pero la verdad es que los líderes de ventas y de negocios piensan muy a menudo que los ejecutivos principales no tienen la capacidad de tomar las mejores decisiones respecto al área y se nos olvida que por algo son los jefes. Por ello, debo decirte que es importante cultivar la paciencia en la relación con los superiores, porque muy a menudo suelen tener la razón. Sin contar que la paciencia, junto con la humildad, son dos de las más grandes virtudes del hombre.

**Paciencia con el personal de apoyo.** Dentro de una empresa, siempre habrá enormes desafíos con el personal de apoyo. Si en tu caso, no los has encontrado, ten paciencia, te aseguro que los tendrás. Es importante tener en consideración que, aunque todas las áreas trabajan para la misma empresa u organización pertenecen a tribus distintas. La tribu de ventas o de negocios es la de los Pieles Rojas y es una tribu desproporcional al resto, que habla su propio lenguaje, tiene objetivos distintos y va a un ritmo que solo ella comprende. Normalmente, esta tribu tendrá roces con el personal de apoyo, quienes no trabajan por comisión o por producción, ni tienen que cumplir metas, por lo que su ritmo de trabajo es enteramente distinto. Si pierdes la paciencia tratando con el personal de apoyo, te garantizo que te irá muy mal y pronto tendrás una cantidad importante de detractores.

Recuerda que los demás pertenecen a tribus diferentes a la tuya y que se comunican uno con otros, por lo que su rol es mantener en orden a los Pieles Rojas y evitar que violen los procesos. Deben corregir los errores, mantener la casa en orden y observar que cada detalle que los Pieles Rojas no cumplan esté cubierto. Aunque los demás no sean parte de tu tribu, debes saber que los va a necesitar siempre, sobre todo, a fin de mes que es el momento del cierre. Es allí cuando se hacen más importantes, en el momento de hacer que los números entren a la compañía, pues tienen el control de los cierres, las estadísticas, las liquidaciones de comisiones, las devoluciones, los despachos, los cobros, los pagos, los reportes. En conclusión, suman prácticamente la totalidad de la empresa, pues manejan las operaciones.

Los Pieles Rojas traen los venados, pero el resto se encarga de procesarlos, de cocinarlos, de servirlos y de conservarlos. No significa que sean más importantes que los Pieles Rojas, pues sin producción no habrá operaciones; pero honestamente, es inútil cazar venados, si no hay quien se encargue del proceso que describí anteriormente y estén listos en la mesa para poder comer.

## No. 3 Capacidad de trabajo

> «Pobre es el que trabaja con mano negligente, mas la mano de los que trabajan diligentemente enriquece».
>
> Proverbios 10.4

En lo personal, llamo capacidad de trabajo al mínimo posible para lograr ser una persona exitosa. Veámoslo de la siguiente forma: si tú fueras un vehículo y vas a competir en la Fórmula 1, debes contar con las herramientas necesarias para ser aceptado en la carrera. Debes tener la potencia requerida, el cilindraje adecuado, sistema de frenos óptimos, etc.; eso te dará la posibilidad de entrar en la carrera.

Lo mismo pasa con un líder de negocios. Se espera que tengas capacidad de trabajo. Esto es la conciencia de que puedes trabajar 12 horas corridas y dormir cuatro, luego volver y trabajar diez más. Un líder de negocios no puede pensar en horarios establecidos como cualquier empleado. Nuestro negocio, nuestra área no tiene horarios. Ser líder de negocios es vivir una vida de alta competencia, lo cual requiere de largas horas de labor. Cuando los demás duermen, el líder de negocios ya está en pie. Cuando los demás se van a la cama, nosotros trabajamos. La capacidad de trabajo no es la única cualidad que debe tener una persona para triunfar en esta tarea, pero sin ella, es imposible lograrlo. Veamos qué significa potencializar la capacidad de trabajo.

**No tener horarios.** Como líder de negocios, si te dedicas a cuidar tus horarios, debo decir que estás enviando un mensaje de que eres una persona que tiene preferencia por ser de otra tribu, y no de cualquier tribu, sino de los «Pieles Blancas». No es que esa tribu sea mala, ya hemos explicado que todos en una organización cumplen con una importante función, pero no es la tribu a la que se supone pertenece alguien de negocios. A los Pieles Blancas no les gusta la luz del sol y suelen ser personas muy estructuradas en su tiempo. Para ellos, una hora más de trabajo, es la muerte para su tiempo de ocio. Recuerda que tú eres de los Pieles Rojas y tu tribu no le teme al sol, a la lluvia, a la nieve o a cualquier otra condición climática. Tú no cobras horas extras, ni cumples con un horario estricto de trabajo. A ti te pagan si vendes y no hay nada más que decir. Por eso, los horarios para ti son irrelevantes.

Si un miembro de la tribu de los Pieles Rojas tiene que hacer fuego golpeando dos pedazos de sílex o piedra lo hace. Se enfrenta a los hurones, camina sin temor, se adentra en los bosques, desarrolla sus oídos al punto de poder escuchar cualquier amenaza. No le teme a la oscuridad y es capaz de cruzar grandes lagos. Es un Piel Roja, no por el color de su piel, sino porque su propio color lo distingue para entrar en combate. Pertenece a una civilización guerrera, hace señales de humo, usa lo que tiene a la mano y lo que no tiene, lo fabrica. Se mantiene, continuamente, buscando manadas de búfalos y aun si tiene que pasar en el bosque por varios días continuos para reunir a su manada, no le importa.

Las flechas de sus jinetes siempre son certeras y si un Piel Roja tiene que saltar de su caballo para clavar con su lanza a la presa, lo hace con seguridad. Los Pieles Rojas tienen el ingenio para crear los utensilios necesarios para lograr sus objetivos.

**No quejarse por todo.** Generalmente, en todas las casas donde hay niños, siempre hay uno que llora más que los demás y que se queja por cosas que deben resolver entre ellos, sin la intervención de los padres o de un adulto. En algunos equipos, aparecen niños de esta clase, considerados por los demás como traicioneros del grupo.

Aunque ciertamente hay acciones que son incorrectas y a veces injustas, nunca se debe olvidar que son parte del día a día en el trabajo. A los líderes no les agradan las personas que les llevan una queja por todas las situaciones. Esa es la diferencia entre un jugador de fútbol americano y un jugador de soccer. En el fútbol americano, no hay quejas por golpes. En el soccer, solo te topan y te tiras al suelo porque es una técnica, no una cobardía. El área de negocios está compuesta por un equipo que juega fútbol americano y, por lo tanto, no debe haber quejas por golpes. No te acostumbres a quejarte por todo lo que pasa, evita ser visto como una persona que ante cualquier incidente quiere discutirlo en otros escenarios.

***Disciplina.*** Jim Rohn solía decir: «La disciplina es el puente que une tus metas con su respectivo logro». Una cualidad fundamental en el liderazgo exitoso es la disciplina de trabajo. Sin una buena disciplina de trabajo, los resultados siempre serán inconstantes. La capacidad de trabajo requiere de una disciplina que ayude a cumplir con la palabra, aunque el cuerpo no quiera.

Recuerdo un lance que se me presentó siendo vicepresidente de negocios de una compañía de seguros. Debía ir a una feria de vehículos a Las Terrenas, una ciudad que se encuentra actualmente a 140 km de la Capital Dominicana, pero en ese momento, había que hacerlo por una carretera vieja y a una doble distancia. Llegar a Las Terrenas representaba un enorme desafío en aquella época. Tenía que cruzar por toda la región del Cibao y debía estar allá a las 9:00 de la mañana. Antes de la reunión, en Las Terrenas, tenía que detenerme en Moca, otra ciudad en el centro del Cibao, lo que implicaba salir como mínimo a las 5:00

de la mañana, hora de Santo Domingo.

Cuando tienes capacidad de trabajo, entiendes que todo compromiso externo requiere de un compromiso interno. Por ejemplo, si debes estar listo a las 5 de la mañana, entonces debes levantarte a las 4:00, y si quieres levantarte a las 4:00, debes acostarte a las 9:00 de la noche, pero todo eso lo produce el hábito de hacer las cosas. Cuando repites acciones como éstas muchas veces en tu vida, estarás produciendo capacidad de trabajo, pero con un requisito fundamental para que pueda lograrlo: disciplina. Volviendo a la historia, resulta que uno de mis empleados iba a viajar conmigo, pero dieron las 5:15 de la mañana y no llegaba, así que decidí partir solo cuando ya eran las 5:30 y gracias a Dios que lo hice porque llegué a Moca y ya el empresario con el que seguíamos en el viaje estaba listo para salir a Las Terrenas.

La enseñanza de esta historia es que, para lograr la excelencia, no queda otra alternativa que dejar algunas personas en el camino y que es la disciplina la que nos debe acompañar para bien o para mal. Donde quiera que vayamos, si no acumulamos la disciplina suficiente, cuando haya que enfrentar un compromiso de tal naturaleza, corremos el riesgo de quedar muy mal. Estoy trabajando en uno de mis próximos libros El poder del enfoque y ahí trataré todo un capítulo acerca de las rutinas poderosas. De lo que se trata es que todo el que quiera tener disciplina, debe construir rutinas que se hagan parte de su vida diaria. La diferencia entre una buena rutina y una mala es que la buena rutina la diseñas tú y la mala te diseña a ti.

La Biblia habla de un hombre que era rico. De hecho, era el más rico sobre la tierra. La Biblia dice acerca de él que tenía cuatro cualidades y una de ellas era la perfección; me refiero a Job. La perfección es disciplina. Solo las personas que se disciplinan en algo que desean, pueden lograr la perfección en lo que hacen y es esta disciplina lo que hace la diferencia entre la excelencia y la mediocridad. El talento te brinda un lugar especial entre las personas promedio, pero la disciplina es el escalón más alto para equipararte con esos seres talentosos y excelentes.

***Responsabilidad.*** Cuando nos comprometemos con un equipo de trabajo, debemos estar conscientes de que todo lo que pase con ese equipo es nuestra responsabilidad. Ser responsable significa hacer lo que se espera; de tal manera que la confianza crezca a nuestro favor entre nuestros asociados. Cuando hablamos de lo que esperamos de las personas, tenemos la tendencia a maximizar sus faltas, pero la responsabilidad nos hace ser confiables ante los demás.

∽

> «*El precio de la grandeza es la responsabilidad*».
>
> Winston Churchill

∽

Hace unos días, conversaba con un amigo empresario y escuché una afirmación que me dejó pensando. Me dijo que él es una persona predecible. Eso me llamó a la reflexión sobre cuán predecibles debemos ser. La verdad es que la responsabilidad nos hace predecibles; hace que los demás sepan que cumpliremos con nuestras promesas. Todos pueden contar con el hecho de que estaremos donde dijimos que íbamos a estar en el momento indicado.

Esto funciona en todos los sentidos. Si el que abre las llaves de las bombas de agua que alimentan una ciudad no es predecible, todos los ciudadanos podrían quedarse sin agua durante todo un día. ¿Por qué cosas como esas no suceden? Porque las personas que trabajan en esa área están tan conscientes del problema que ocasionarían si fallaran, por lo tanto, no pueden darse el lujo de fallar.

Ese es el grado de responsabilidad que debemos asumir los líderes—la responsabilidad de un primera base, la del portero o la del maquinista que conduce un tren. Ellos siempre están en su lugar, siempre están atentos. Imagínate que el tercera base hace un esfuerzo para atrapar una pelota y luego tira a primera, pero el primera base está distraído y lejos de su lugar. El resultado no es perder una pelota, el resultado es la pérdida de la confianza. Algo muy parecido pasa cuando el líder de negocios no cumple con una promesa en el equipo de trabajo, cuando no se lleva a cabo un objetivo y lejos de eso, se justifica, entonces, pierde la confianza. Las personas responsables, simplemente, son predecibles. Por eso aumentan el clima de confianza y satisfacción en el equipo de los Pieles Rojas y en el equipo de los Pieles Blancas. Todos demandan personas responsables.

**La capacidad de trabajo nos hace ganar respeto**

Recuerdo que, en la labor de director de negocios en una empresa de telecomunicaciones, tenía un gerente de quien nunca me nacieron dudas al momento de asignarle una tarea. Entre más de 25 homólogos, siempre podía confiar en que esta persona cumpliría. Esto me daba un punto de apoyo y un punto de referencia de que si algo no se lograba en colectivo, había que evaluar los objetivos, pues él me servía de parámetro, ya que si no cumplía definitivamente había un problema con la meta. Rafael Pardilla siempre cumpliría con lo acordado, sin violentar ningún proceso. Era un gerente altamente confiable, auto dirigido y honesto. Estas cualidades lo hacían un hombre responsable.

Las personas son evaluadas constantemente por quienes los dirigen. Cuando se dirige un equipo, cada jugador está siendo evaluado minuto a minuto. Es incorrecto pensar que su esfuerzo es en vano, que sus resultados no se están tomando en cuenta. Todo lo contrario, en el día y en la noche, un líder de negocios de éxito piensa en las personas con las que trabaja, está constantemente evaluando sus reacciones, su cumplimiento, sus actitudes y su nivel de responsabilidad. Esto lo conversan con sus superiores, con sus esposas, incluso con sus hijos en ocasiones, dado que su equipo tiene un alto significado en su vida.

Hay una evaluación constante de todas las actitudes, las palabras y las decisiones que toman los miembros, mental y espiritualmente. De la misma forma, sucede con los altos ejecutivos de una organización. Por esa razón, es deber del líder de negocios brindar tranquilidad a quienes le dirigen a través de su responsabilidad, al punto de que sientan que cuando ponen algo en sus manos, hará todo lo que esté al alcance y más allá para cumplir con lo prometido, porque al hacerlo de manera constante se convertirá en una persona responsable y confiable. La responsabilidad, la disciplina, el no quejarse, el dedicar tiempo nos pone en la lista de personas con capacidad de trabajo, una cualidad indispensable para convertirnos en líderes de negocios exitosos.

Justo en este momento en el que estoy escribiendo esta parte del libro, se anuncia que el empresario Donald Trump acaba de ser electo presidente de los Estados Unidos de América. Hace una semana, escribí un artículo sobre las razones por las que Trump ganaría las elecciones y dentro de la reseña había señalado que una de las grandes razones tenía que ver con su capacidad de trabajo. Tú puedes tener tu propia opinión sobre el señor Trump, pero lo cierto es que, al momento de aspirar a la presidencia, había caminado mucho trecho como trabajador incansable.

Moverse de un extremo al otro en un país tan grande requiere capacidad de trabajo y lograr esa capacidad de trabajo es algo que debe construirse con el tiempo.

Trump ha invertido tiempo con miles de hombres, visitando cada una de sus empresas, discutiendo con sus empleados, interactuando con accionistas, recuperándose de una quiebra, en fin, ha invertido su tiempo adecuadamente. Esto lo preparó para desafiar muchos de los poderes que lo subestimaron como candidato a la presidencia. Sin embargo, su capacidad de trabajo se puso de manifiesto y posiblemente fue uno de los aspectos más preponderantes en su triunfo. Mientras otros estaban atacándolo, él trabajaba; mientras otros se reían de él, él trabajaba; mientras los demás se creían que tenían el triunfo en las manos, él trabajaba y a la larga, el trabajo siempre trae sus resultados. El resultado fue que independientemente de las intrigas del poder y de los laberintos de la política, el trabajo se hizo evidente.

En cualquier esfera de la vida, el trabajo arduo deja sus resultados. Personalmente, creo que el trabajo lo sustituye todo. Puedes venir de un origen humilde, puedes tener escasa educación, puedes vestir sin los estándares de la clase alta; sin embargo, el trabajo puede reducir el impacto de todo, siempre que sea abundante e incansable. La Biblia dice: «*¿Has visto hombre diligente en su trabajo? Estará frente a los reyes y nunca será un don nadie*». (*Proverbios 22.29*)

Hay que aprovechar cada oportunidad en la vida para mostrar que somos personas altamente laboriosas. Una vez más, quiero reiterar que esto es algo esencial para el triunfo. Albert Einstein, Thomas Alva Edison, Pablo Neruda, Picasso, Miguel Ángel, Leonardo da Vinci, Cervantes, Shakespeare, Teresa de Calcuta, Eleanor Roosevelt, Walt Disney y muchos hombres y mujeres destacados de la historia tenían algo en común: su capacidad de trabajo en cada una de sus áreas. Todos fueron personas laboriosas, su entrega los hizo tener una identidad similar. Los imagino tomándose un café juntos, tendrían mucho de qué hablar y, al final, cada uno podría mostrar sus hechos sobre la mesa, porque cuando se es alguien, cuya labor se pone de manifiesto, se gana el respeto. La capacidad de trabajo nos hace ganar el respeto de las personas de todos los niveles. Jesucristo mismo, el más grande de todos los tiempos, dijo: «*Mi Padre trabaja y yo trabajo*». *(Juan 5.17)*

Mientras el trabajo lo sustituye todo, no puede ser sustituido por nada. Ninguna cualidad puede sustituir el trabajo eficiente. El talento nos ayuda, pero no puede sustituirlo, la belleza y el carisma pueden adelantarnos, pero tarde o temprano la falta de entrega al trabajo se pondrá de manifiesto. Como coach de prospectos para las grandes ligas, me tocó apoyar a algunos jóvenes muy talentosos, con cualidades increíbles para ser un perfecto julio 2,[7] sin embargo, a muchos la pereza los hizo fracasar. Es importante que entendamos esto a profundidad y por eso lo repito nuevamente porque deseo que se te grabe muy bien: el talento, la belleza, el carisma son cualidades que abren puertas y llevan a lugares que otros no podrían entrar, pero lo que permite sostenerse y mantenerse es el trabajo. Una vez tú lograste escalar una importante posición, lo que hará la diferencia entre tu persona y otro talentoso es tu capacidad de trabajo. Quien más capacidad muestre, obtendrá mayores oportunidades.

Se cita el caso de Pedro Martínez, hoy en el salón de la fama. Desde el punto de vista de los demás deportistas y los reclutadores de las grandes ligas, era una persona que, por su estatura y dimensiones físicas, no tenía mayores oportunidades. Pedro Martínez es el ganador de varios Cy Young y es miembro del equipo que llevó a Boston a ganar

---

[7] El 2 de julio se hace un draft de todos los prospectos del béisbol en Rep. Dom. y se escogen los mejores con 16 años y medio.

una serie mundial por primera vez en más de cien años. ¿Qué tuvo Pedro a su favor? Su capacidad de trabajo. Su arduo trabajo lo hizo sacar a flote su talento y vencer a muchos con mayores cualidades físicas. Fue la capacidad de entregarse más allá de lo común lo que lo preparó para estar listo en los grandes momentos de la vida. En esto se define la capacidad de trabajo, aquello que te prepara para estar listo en los grandes momentos de la vida.

## *No. 4 Integridad*

*«La honestidad y la integridad son absolutamente esenciales para tener éxito en la vida. La buena noticia es que todos podemos desarrollar ambas cualidades».*

*Zig Ziglar*

Como líder de negocios de éxito, hay que manejar muchos recursos, personas e información. Esto requiere de una cualidad imprescindible llamada integridad. Créeme, esta cualidad te hará mucha falta para convertirte en una persona confiable y poder avanzar en la organización donde te desenvuelve y en tu propia vida. La palabra integridad viene de la palabra griega *integritas*. Las integritas son piedras pequeñas de los ríos que, a diferencia de las piedras de las montañas, suelen ser muy duras y para dividirlas se requiere de mucho esfuerzo.

Podríamos decir, entonces, que la integridad es la capacidad de mantenernos de una sola pieza, es decir, ser lo mismo en público que en nuestra vida privada. Es un ataque a la doble vida, a la hipocresía, la cobardía o la malicia del que las maquina. Las personas íntegras son muy valoradas en todas las instituciones. Ser íntegro es una cualidad que nos permite avanzar en la vida y en los negocios. Samuel Johnson dijo: «La integridad sin conocimiento es débil e inútil y el conocimiento sin integridad es peligroso y terrible». No obstante, si yo fuera a escoger entre la integridad y el conocimiento, elegiría la integridad, pues es más fácil encontrar personas con conocimiento que personas con integridad.

~

*«Las partes más íntimas y no visibles del cuerpo las vestimos con mayor esmero». (1 Corintios 12.23) La integridad es una de ellas.*

~

Esta semana, me dirigí a un establecimiento a envolver un regalo para un amigo y lo cierto es que pasé un mal rato al ver como la joven que me atendió envolvía el presente sin ningún nivel de detalle y de respeto. En la interacción, le pregunté: «¿A usted le gusta envolver regalos?». Ella contestó: «Claro, esto lo hago con frecuencia». De inmediato, se dio cuenta de mi descontento, pero a pesar de ello, continuó con la misma actitud. Así que mientras hacía los cortes del papel, la interrumpí: «Señorita, ese papel no está derecho y no se ve bien, se ha arrugado mucho», y ella respondió: «Señor, eso va por dentro, eso no se nota». Yo le rebatí con una frase no muy agradable, pero que está en la Biblia: «Las partes menos honrosas del cuerpo, las vestimos con mayor esmero». Oprah Winfrey dice: «La integridad real está haciendo lo correcto, sabiendo que nadie va a saber si lo hiciste o no».

Hay cinco características que distinguen a una persona íntegra.

**A. Cumple su palabra.** La integridad, primero que todo, es un compromiso contigo mismo. Por lo tanto, cuando hacemos una promesa y no la cumplimos, estamos siendo incumplidos con nosotros mismos. Las personas íntegras cumplen con su palabra, no por lo que otros pueden pensar, sino por convicción propia. He observado que los hombres de éxito son personas que cumplen con su palabra versus los hombres con menos resultados. Cuando hacen un compromiso, por insignificante que sea, suelen darle mucha importancia. No importa cuán pequeño sea el asunto, ellos no ven los asuntos pequeños o grandes; ven su compromiso consigo mismos y su cerebro no distingue si están hablando con un vendedor de la calle o con un corredor de la bolsa de valores. Son personas que cumplen íntegramente con su palabra. Solo el cumplimiento de la palabra puede sostenernos en la cima. Francisco de Quevedo dijo: «Nadie ofrece tanto como el que no va a cumplir», y este es un principio que hay que aprender para lograr respetar la propia palabra. Lo primero es tener la capacidad de decir no, lo que implica un fortalecimiento del carácter. Ser íntegro en el cumplimiento de la palabra es más importante que tener carisma. El carisma ofrece, la integridad cumple, si logras combinar las dos cosas, serás un líder exitoso.

*«El carisma ofrece, la integridad cumple. Si logras combinar las dos cosas, serás un líder exitoso».*

El problema consiste en que es muy tentador ser carismático y para ser carismático solo hay que ofrecer mucho. Esto es como comprar con una tarjeta de crédito; produce una satisfacción importante en el momento, pero en algún momento, habrá que pagarla y si no puedes pagar la totalidad, el siguiente mes tendrás que pagar los altos intereses. Si no puede pagar en cuotas, tendrás que ir al departamento legal y, por último, la sanción que recibirás si no cumples, es que perderás el crédito. El líder que no cumple con su palabra es un líder sin integridad y esto lo hace una persona sin crédito. Una persona sin crédito no puede influir sobre los demás.

***El cumplimiento de la palabra es un hábito.*** Esto no tiene que ver a quién se le cumple, lo importante—y esto lo reitero una vez más—es que fuiste tú quien prometió. Cualquiera cumple su palabra, pero solo los íntegros cumplen a todos con el mismo nivel de responsabilidad. El error de muchas personas es que solo cumplen su palabra cuando se ven amenazados o están trabajando para alguien importante, lo cual no los hace íntegros. Si solo se cumple con los que tienen cierto nivel, se envía al cerebro, la señal de inconsistencia y sin saberlo, esa persona se va convirtiendo en una persona hueca.

***El íntegro cumple su palabra, aunque se perjudique.*** La Biblia dice: «*El que aun jurando en daño suyo, no por eso cambia*». *(Salmos 15.4)* En ocasiones, como líder de negocios, te verás comprometido con situaciones o promesas hechas que con el tiempo te perjudicarán. Esto es posible por la cantidad de información que se maneja diariamente. Es probable que en alguna de esas promesas se encuentre en una encrucijada. Sin embargo, parte del principio de integridad en el mundo de los negocios y de la vida es cumplir las promesas, aunque salgas afectado.

∽

**«Cualquiera cumple su palabra, pero solo los íntegros cumplen a todos con el mismo nivel de responsabilidad».**

∽

**B. Dice la verdad.** Decir la verdad y decir mentiras cuesta casi el mismo esfuerzo, pero las consecuencias son muy distintas. Si no dices la verdad, no puedes ser feliz ni puedes estar en paz. Al decir mentiras, siempre dejarás un cabo suelto y no hay memoria para tantos cabos sueltos. Mi recomendación en que sea cual sea la situación, caracterízate por decir la verdad. Esto es parte de la integridad.

**C. Asume la culpa.** Es muy difícil admitir que nos hemos equivocado. De hecho, hay escuelas de liderazgo que sugieren que no es bueno admitir que estamos equivocados. Sin embargo, pocas cosas ofrecen tanta credibilidad en la vida de un líder como el hecho de admitir la responsabilidad por algo que hizo y que no dio los resultados esperados. Hace unas semanas, al estacionar mi vehículo en un estacionamiento del conjunto residencial donde vivo, rayé el automóvil de un vecino. Fue algo prácticamente insignificante. Nadie me vio, era tarde en la noche y la mayoría de los residentes estaban en sus casas durmiendo. Solo mi esposa que me acompañaba y yo sabíamos lo que había sucedido. Al día siguiente, toqué a la puerta de mi vecino y le comuniqué lo acontecido. Él se sorprendió y me dijo: «Pensé que eso había ocurrido esta mañana en la calle. Gracias, vecino, por su transparencia». Admitir la culpa por lo que sale mal muchas veces es más beneficioso que asumir el mérito por las cosas que salen bien.

**D. Es honesto.** La integridad es ser veraz con uno mismo, pero la honestidad se trata de ser veraces y transparentes con los demás. El ser honesto no abre posibilidad a las trampas ni a los enredos. La justicia, la rectitud y la honradez forman una alianza con este valor moral, que sugiere que hay una coherencia de lo que pensamos, declaramos y lo que hacemos.

**E. Rinde cuentas.** Para un ser humano íntegro, rendir cuentas no sería un problema porque una parte fundamental de una gestión de liderazgo eficaz es garantizar los recursos y su buena utilización. La rendición de cuentas nos sirve como mecanismo de control. Hoy en día, las sociedades exigen transparencia y rendición de cuentas en todos los ámbitos de la vida, por lo que en la gestión empresarial y de los negocios esto debe ser un pilar. Un buen líder de negocios no solo debe desarrollar su labor, sino que debe demostrar que lo que hace, lo hace de manera correcta. La rendición de cuentas requiere de un compromiso, de una apertura y disposición a ser evaluados. Implica una responsabilidad para responder verazmente ante las expectativas de aquéllos que nos rodean y nos cuestionan. Significa que debemos estar dispuestos a aclarar dudas y a dar explicaciones. Es importante tener en consideración que no se trata de andar diciendo todo lo que hacemos constantemente o de dar información confidencial que se manejan en los altos niveles, sino que se debe tener una conciencia clara sobre hacia quién o quiénes se dirige nuestra rendición de cuentas, qué tipo de información se pide y qué información se debe otorgar, cuáles mecanismos o herramientas se utilizarán para hacerlo y los resultados obtenidos al hacer la rendición. La rendición de cuentas fortalece la confianza, fomenta la transparencia y garantiza que se ejecute lo que hemos prometido hacer.

### No. 5 Sensibilidad humana

*«Las mejores y más bonitas cosas de esta vida no pueden verse ni tocarse, deben sentirse con el corazón».*

*Helen Keller*

La cualidad de un buen líder de negocios es tener sensibilidad humana. Esto hace que las personas confíen en él más allá del día a día. Al hablar de sensibilidad humana, me refiero al nivel de importancia que se les otorga a aquéllos que nos necesitan, lo que requiere estar pendiente de las necesidades de los demás, puesto que muchas de esas necesidades nadie las va a comunicar, de hecho, habrá personas en el equipo o en tu entorno que nunca hablarán ni manifestarán algún tipo de problema o dificultad que estén atravesando. El liderazgo se torna muy difícil cuando las personas sienten que no nos importan.

**Algunas acciones para demostrar sensibilidad humana.**

*Conoce a profundidad a tus colaboradores.* Por encima de todas las cosas, la sensibilidad hacia los miembros del equipo agrega valor y permite ganar la confianza. Como líder de negocios, es importante que estés al pendiente de la vida personal de tu grupo. Esto no significa que vas a entrometerse en todo, pero es aconsejable que observes con atención y aprendas a conocer a las personas. Cuando alguien cambia su comportamiento o muestra alguna conducta no habitual es fácil darse cuenta de que algo puede estar sucediendo. Aprende los nombres de los hijos, del esposo o esposa y de las personas más importantes en la vida de tus colaboradores. Esto te dará una ventaja sobre cualquier dirigente. Los líderes de negocios promedio solo logran aprender el nombre de sus colaboradores, pero el líder de negocios exitoso es mucho más profundo. Con esta disposición, muestra sensibilidad ante cualquier acontecimiento que afecte la vida de las personas que te apoyan.

*Visita a los enfermos.* Si uno de tus colaboradores tiene un problema de salud, es un acto de generosidad interesarse y visitarlo. Pero eso no es suficiente, sino que es muy satisfactorio que hagas que sus compañeros lo visiten. De esta manera, muestras al equipo que tu única prioridad no son los números, sino que también te importan las personas. Recuerda: cuando vayas a visitar a un enfermo, lleva algo de tomar y pregunta a las personas que cuidan a tu colaborador si hay algo en lo que puedas apoyar.

**Sé generoso.** Si tu compañero de trabajo o colaborador tiene alguna carencia económica, debes demostrar tu liderazgo y hacer dos cosas: La primera es poner en marcha un plan de apoyo para que todos los miembros del equipo aporten una suma de dinero para la persona que lo necesita. La segunda, es hablar con los superiores a fin de gestionar todo el apoyo posible incluyendo, si fuere necesario, un préstamo de parte de la compañía. De la misma forma, si tu colaborador ha sufrido algún accidente, tú como líder, debes ver el impacto de la lesión en la persona. Si esta lesión pone en riesgo la vida de tu colaborador, es de rigor que muevas a toda la compañía a fin de salvar su vida. Como seres humanos, debemos saber que los verdaderos amigos se conocen en los hospitales, las cárceles, accidentes y eventos funestos. Por ello, la Biblia dice: «*Es mejor estar en casa de luto que casa de fiestas*». *(Eclesiastés 7.2)* Te sugiero que haga acto de presencia en donde quiera que haya una necesidad. Hazlo con prudencia, por supuesto. No vayas a lacerar la dignidad de las personas haciendo alarde de que se están resolviendo ciertas situaciones íntimas de un colaborador. En esta parte, debes ser discreto hasta donde sea posible.

**Comprométete y participa.** Una cosa es tener interés en algo y otra muy distinta es comprometerse a participar en las situaciones que se presenten a los miembros de tu equipo. Siempre que puedas empieza dando tu parte, pues muchas veces queremos que sean los demás miembros o la empresa quienes donen y resuelvan los problemas, pero nosotros no damos el primer paso y es necesario que las personas vean nuestro nivel de sacrificio y de entrega.

**Proponte a servir.** Si como líder, eres indiferente a las necesidades de tu grupo, eso significa que no has entendido el principio del servicio. Lo real es que lo que convierte a alguien en un buen líder de negocios, no es lo mucho que sabe ni lo mucho que manda, sino lo mucho que sirve. Si como líder, no das un servicio a las personas que tienes bajo tu protección, (¿Entendiste el concepto? Dije la palabra: «protección», no mando) entonces no has comprendido bien el propósito de tu liderazgo.

En una ocasión, un líder de una congregación me dijo: «Yo no puedo ser tu pastor», refiriéndose a que él me veía probablemente desde su perspectiva como alguien a quien no podría someter, por cuanto ambos teníamos el mismo nivel eclesiástico. Yo le contesté: «Cualquiera puede ser mi pastor, simplemente tiene que servirme». Lo que le quise decir fue: si estás pendiente de mí como oveja, si me sirves, si te interesas por mí y por mi familia, puedes ser mi pastor, sin importar si yo soy el presidente de la República. De lo contrario, solo quieres ser mi jefe y eso no cualquiera puede serlo.

No importa el nivel que tengan los miembros de tu equipo, podrás dirigirlos siempre que tengas la disposición de servirles, más que de darles órdenes. Ellos te serán leales, pero más que por eso, cumplimos con una responsabilidad que Dios ha dado a aquéllos que se les da la capacidad de liderar: resolver problemas. El líder excelente resuelve problemas.

***Incentiva a los proyectos sociales.*** Dentro de las labores que debemos considerar para mostrar a nuestro equipo sensibilidad humana, está el llevar a cabo proyectos sociales que despierten el interés por servir a la comunidad. Una de las mejores actividades que realicé siendo gerente de negocios fue llevar al equipo a reforestar. Esto renovó el ánimo del grupo y les dio a muchos la oportunidad de conectarse con la naturaleza y el bienestar común. Ser un líder de ventas exitoso es mucho más que lograr nuestros objetivos corporativos, también incluye otros aspectos que nos ayudan a ascender a una vida de mayor plenitud, en la cual podremos sentirnos

## Cinco cualidades de un líder de negocio exitoso

satisfechos, no solo con nuestros logros, sino también con nuestro interior.

Sin duda, un líder de negocios exitoso siempre está al pendiente y puede distinguir a distancia cuando algo grave ocurre a cada uno de los miembros de su equipo.

*Líder de negocio exitoso*

# *Conclusión*

A pesar de que muchos lo han intentado, se reduce a una cuota mínima la cantidad de personas en el mundo que deciden escalar el monte Everest. Podrían subir en helicópteros, en tren o en avión; no obstante, seguirá siendo mínima la cantidad de personas, en todo el mundo, que logren ponerse en pie sobre esa majestuosa montaña por diez minutos. La razón fundamental es el miedo a lo desconocido. Solo cierto tipo de personas subirán allí por cualquier vía, aquéllos que nacieron para hacerlo y se disciplinaron para alcanzarlo. Lo mismo se puede dar en la labor de negocios. Pocos se decidirán a hacerlo con la calidad que se requiere para obtener el éxito y serán aquéllos que paguen el precio para lograrlo.

Muchos pueden creer que esta carrera se trata de un grupo de personas que andan por ahí vendiendo cosas o servicios y que para ser líder de un equipo solo hay que desenvolverse como un supervisor o gerente más, pero tales personas no han visto la dimensión de las oportunidades que hay. Si tú abres la puerta de oro de la oportunidad a personas para que se desarrollen como asesores de negocios en cualquier área o de pertenecer a un equipo de ventas, encontrarás que muchos te rechazarán. Por esto, hice la comparación, al principio, de que es como escalar el monte Everest. La mayoría no sabe y no ve la dimensión de esta carrera, las oportunidades que ofrece, sin importar de dónde proviene el individuo, su posición social o económica.

## Líder de negocio exitoso

Honestamente y con toda mi experiencia en los sectores en los que me he desarrollado, no conozco otra carrera que abra las mejores oportunidades para progresar, partiendo de lo que uno mismo se dispone a hacer. Es una carrera que brinda independencia a quienes la ejercen y también reconocimiento. Ser líder de un equipo de personas con la capacidad de ver estos beneficios es verdaderamente un reto. No podrás llegar a ser un líder exitoso de negocios si tú mismo no crees en las oportunidades que el área ofrece y en los logros que puedes alcanzar.

Tengamos en consideración que dirigir vendedores no es lo mismo que hacerlo con cualquier departamento, puesto que los vendedores y asesores de negocios tienen comportamientos totalmente distintos a los de la mayoría de los empleados de una organización o empresa.

Desde mi óptica, conseguir un líder de negocios de éxito es algo extraordinariamente difícil. Creo que es una de las posiciones más complicadas de sustituir. Esto no tiene que ver solo con la capacidad del líder, sino que tiene que ver también con el rendimiento del equipo. Los equipos de ventas y de asesores independientes son como las colmenas de abejas. No es nada sencillo sustituir una abeja reina. Si quieres ver la colmena hecha un enjambre, quítale a la reina. Lo mismo ocurre cuando a un grupo de hombres y mujeres emocionados, insistentes, motivados y en plena faena, se les arrebata el líder que los dirige.

Es posible que hayas leído decenas de obras, tal vez cientos, y todas ellas te han aportado sabiduría y conocimiento, pero si somos líderes para un propósito es para producir resultados. Nuestro deber como líderes de ventas y de negocios, cualquiera que sea la industria, es conducir al equipo al cumplimiento de los objetivos de la organización. Si el líder se enfoca exclusivamente en asuntos administrativos y burocráticos, reuniones y actividades y pierde de vista la visión de todo lo que verdaderamente mueve al equipo para cumplir con su rol de producir resultados, entonces estará perdido. Para lograr los objetivos de negocios, no hay mayor responsable que el líder.

Pase lo que pase, la responsabilidad de los objetivos siempre será del líder, aunque la culpa del incumplimiento sea de otra persona. Tú, como líder, eres quien paga las consecuencias. Aquel que dirige un equipo, será quien recibirá las alabanzas o las críticas. Será al que calificarán de aplicar malas o buenas estrategias para impulsar el crecimiento del negocio y que no disminuya. Por lo tanto, es importante aprender a conectar con las emociones, las necesidades y las actividades de tu grupo.

Haz lo posible para que las personas que están en tu equipo se mantengan motivadas, se conecten y estén satisfechas de trabajar juntas. Un verdadero líder debe tener la capacidad, no solo de motivar a los miembros de su equipo, sino de inspirarlos a ser cada día mejores.

Gracias por adquirir este libro. Espero que sea una bendición para tu vida y la de tu equipo y que Dios todopoderoso le ayude a tener los mejores resultados en esta carrera tan desafiante, pero tan gratificante.

Para nosotros, es de gran estímulo recibir el comentario de los lectores. Por favor, haznos saber si esta obra te ha edificado. Puedes escribir a: dioastacio@yahoo.com o ingresar a nuestra web: www.motivationteam.org. También en las redes sociales puedes encontrarnos como @dioastacio y contestaremos a tus comentarios.

Con todo mi deseo de que logres tu cometido de convertirte en un líder de negocios exitoso, te envío un caluroso abrazo.

*Líder de negocio exitoso*